瞬間速讀腦力訓練

作者　吳 真由美 Kure Mayumi
譯者　劉宸瑀

晨星出版

前言

利用工作前短短「10秒」的習慣提升「時效比」！

說到「**工作能力強的人**」，大家腦海中會浮現什麼樣的外在形象呢？

我曾爲許多企業舉辦腦力開發的研習講座，當我向來聽講的員工們提問：「你們覺得什麼樣的人工作能力強？」得到的回答如下：

- **決策速度很快**
- **精通時間管理**

● 反應迅速

● 擅長制定優先順序

這麼看來，能迅速做出判斷，且事務處理能力較佳者，通常就會被定義爲「工作能力強的人」。

此外，彷彿就是在佐證這一點，最近幾年我們可以觀察到以所謂的Z世代爲中心，也就是十幾歲到二十幾歲的年輕人，出現了**「重視時效比（Time Performance）」（以下簡稱「TP值」）**的傾向。

具體而言，以Z世代爲首的人們會用1．5倍速觀看影片，也很流行那些將電影或連續劇情節濃縮成10分鐘的影片，或是以10至20秒簡述內容的短影片。

在工作上亦能看見人們「重視TP值」的趨勢。只要在短期內透過幾次會議談妥訂單，便是「效益高的好生意」，這也等同於是認定了「工作能力強的人」

的條件。

這種重視ＴＰ值的觀念背後，似乎反映出人們**「不想浪費時間」**、**「想在很短的時間內高效拿出成果」**的心態。

因此，比起專注於單一工作的人，企業更青睞能「一心多用」，同時處理多項任務的人才。事實上，在尋求能並行多項工作的員工這方面，各行各業都有逐年增加需求的趨向。

提高「ＴＰ值」的關鍵在於「大腦」

那麼，要如何做才能增加ＴＰ值呢？

提示就在「大腦」中。

本書所介紹的吳式訓練法，**其目的即是藉由實施「速讀腦特訓」來加快大**

腦運轉速度，提升人腦的資訊處理能力。

乍聽「速讀腦特訓」一詞，可能會以為這只是一種使人得以快速閱讀書本的竅門，但其實這套特訓有令大腦本身更加活絡的效果，不僅能速讀書籍，還可以在工作或私領域等各種場合讓頭腦發揮最佳性能。

利用工作前的「10秒」習慣放大時間

本書在講解吳式訓練法「速讀腦特訓」基礎知識的同時，也會提供日常生活中該如何應用這些知識的具體建議，讓大家更有效率地工作。

簡而言之，就是教導各位**「上緊大腦發條的方法」**。舉例來說，請你試著想像一個音樂盒。在上緊發條後，音樂盒就能流暢播放音樂，不過播放節奏會隨著時間逐漸變慢，最終無聲停止。

大腦的運轉也是一樣的道理。就算一開始有確實上緊發條，提升資訊處理的能力，但過一陣子也會慢慢變得遲鈍。

因此我們要在思維轉速變得遲緩前，也就是工作前或空檔時，花10秒鐘做「速讀腦特訓」。這麼一來便能再次擰緊大腦發條，保持頭腦的運轉速率，從而繼續俐落地完成工作。ＴＰ值提升後，工作成果自然也會不斷增加。

迄今爲止，我曾協助很多運動員增進腦力，也親眼見證選手們透過「速讀腦特訓」將自己的表現發揮到極致。

在運動的世界裡，只要大腦運轉的速度變快，就會出現「球速看起來變慢了」或「瞬間就辨識出可行傳球路線」的情況。而在商務場合亦是如此。人們經過特訓後便能有高品質的表現，像是**「感覺時間流逝得很慢」或是「工作進展得極為順利，且零失誤」**。

如果把一台電腦的軟硬體更新到最新版，卻只用來發送電子郵件，那麼不過是在暴殄天物而已。同樣地，駕駛最高時速可超過３００公里的跑車，但油門只踩到30公里，那便不能彰顯跑車的價值。

從這兩個例子可以看出，單純不管不顧地去提高性能一點意義都沒有。重要的是，無論要往哪裡去，想得到什麼樣的結果，都要靠自己掌舵。

好好思考自己的腦力要如何運用、用在哪裡，同時也要磨練資訊處理的能力，唯有兩者兼備，相輔相成，才能有效提升ＴＰ值與工作績效。

工作與生活兩全其美

另外，養成做「速讀腦特訓」的習慣，強化大腦效能還有一大益處：因提早完成工作而得以保障自己的私人時間。

若能把時間運用在自己的興趣或家人身上，工作與生活的平衡也必將改善。

擁有充裕的時間，便能減輕自身壓力，進而在工作上表現得更好。

只要像這樣改變大腦的運用方式，整個生活品質都會隨之提升。

其關鍵所在，直截了當地說就是掌握**「頭腦運轉的速度」**。腦筋轉得快，對資訊的處理能力便會提高，同時亦會增加工作效率。有了充裕的時間，私人生活也會變得充實。而且隨著身上的壓力減輕，生活就能變得更有規律，過著健康的人生。

如上所述，將「速讀腦特訓」融入日常生活的人，在工作與私領域皆切實感受到各式各樣的變化，而這樣的改變一點也不特殊。

光是在工作的空檔做出「僅需10秒」的改變，就能確實提升你的腦力。

我想，愈是忙碌的人，愈能體會到它的驚人效果。

目次

前言

利用工作前短短「10秒」的習慣提升「時效比」！ 3
提高「TP值」的關鍵在於「大腦」 5
利用工作前的「10秒」習慣放大時間 6
工作與生活兩全其美 8
各方人士因「速讀腦特訓」而有所改變的真實回饋！ 16

CHAPTER 1 為什麼光靠工作技巧無法提高工作效率

僅僅改變做事方法無法增加工作TP值 18
要想提高效率，改變「用腦方式」才是捷徑 21
提升大腦資訊處理能力，就能擴展自己的可能性 24
「腦力」差異也會造成工作能力的差距 27
只要頭腦運轉得快，終將更理解所讀內容 30

透過「速讀腦特訓」，以最快速度取得最大成果！

CHAPTER 2

為何長大成人後，一轉眼就過完一天？ 34

大腦是速度狂！速度愈快效能愈佳 36

「事後才意識到已經做完工作」時，大腦是何種狀態？ 38

持續進行「速讀腦特訓」，讓「非凡」成為「常態」 41

人有「3種動腦方式」 44

只要能控制大腦的運轉，「快慢」皆隨心所欲 46

拓寬視野便能「同時進行」許多事 49

大腦最愛「同時作業」 51

只要用「這種方法」，高效工作者輩出！ 54

科學也證明了！「速讀腦特訓」會廣泛活絡大腦 56

目的並非「速讀書本」，而是「強化大腦機能」 62

CHAPTER 3

每一天都更加順利！「速讀腦特訓」的益處

從事業工作到日常生活，好事不勝枚舉！ 66
工作效率愈來愈好 68
防範失誤於未然 71
出錯也能快速修正 74
做事更有條理 76
更擅長一心多用 78
抗壓性有所增強 80
不易感到疲累 83
睡眠品質提高 86
呈現穩定精神狀態 87
迎來天賜良機 92

CHAPTER 4

掌握「速讀腦特訓」的基礎

使用書本訓練的原因 98
仔細上緊大腦發條！5分鐘就能做的基礎訓練法 99
「速讀腦特訓」流程 107
打造「思維敏捷的狀態」 110
LESSON 1 測量當下的讀書速度 110
LESSON 2 眼部訓練 113
LESSON 3 快速瀏覽訓練 120
LESSON 4 拓寬視野訓練 123
LESSON 5 再次測量讀書速度 127
透過習慣的建立，讓大腦漸漸升級 129
5分鐘太長了！那就做需時超短的「10秒速讀腦特訓」 131

CHAPTER 5

為大腦「充電10秒」，加速工作進度！

利用零星空檔飛快提升效率！ 134
花「10秒鐘」重新上緊腦中發條 135
「截止日設定」＋「速讀腦特訓」讓速度再加倍 137
當你想著「做得到」，大腦也會這麼認為 140
「10秒速讀腦特訓」隨時隨地都能做！ 142
不同情境下的「10秒速讀腦特訓」方式 144
對傷後恢復與健康管理也大有幫助 154

CHAPTER 6

讓「速讀腦特訓」成為習慣的7個訣竅

「速讀腦特訓」要持續做才有意義 158
掌握「重啓力」！推薦給總是半途而廢者 159
有做不了的日子也沒關係 162
不要努力，要以「適可而止」為目標 164
在力所能及的時機進行 166
不追求「我在努力感」 169
「麻煩事」最應該優先解決！ 172
遭遇低潮就回到原點 174

【實績介紹】運用「速讀腦特訓」提升工作力的人 177

結語 186

各方人士因「速讀腦特訓」而有所改變的真實回饋！

持續施行「速讀腦特訓」後，究竟會經歷什麼樣的變化呢？在此向大家介紹人們的經驗談。

我變得經常能夠抓到工作資料的錯字和漏字。（28歲，貿易公司員工）

我開始能一心多用，例如邊講話邊寫字，或是在說話的同時用電腦打字等等。（37歲，非營利組織員工）

心情上有了餘裕，待人接物也變得更友善，不再那麼不耐煩。（31歲，公務員）

由於行動變得更加迅速，空閒時間也比以前多了。（34歲，銀行行員）

愈來愈常感覺到時間過得比以前慢。（40歲，ＩＴ公司員工）

我現在可以馬上從許多情報中找出需要的資訊。（41歲，工程師）

即使是那些我原本覺得「好花時間喔，放棄好了」的事情，現在都能立刻動手做完。（49歲，製造業員工）

預測能力增強，策略也變多了。談判籌碼增加後，我的業績蒸蒸日上。（50歲，保險公司員工）

在工作上，開始有顧客主動來洽詢。（45歲，業務人員）

我已經能在日常生活中維持身心健康了。（33歲，幼教人員）

CHAPTER

1

為什麼光靠工作技巧無法提高工作效率

僅僅改變做事方法
無法增加工作TP值

現代的日本企業面臨人手不足的困境，需要在有限人力下尋找提高生產力的解方；與此同時，由於國家鼓勵勞逸平衡，許多企業都禁止員工加班。

然而，最重要的工作量卻未曾減少。於是經常可以看到人們把工作當成「作業」帶回家做，以維持不加班的表象；或是急急忙忙趕在時限內完成工作，結果反而導致失誤連連，陷入惡性循環。會出現這樣的狀況，或許根本不是因爲你沒有能力，單純只是工作太多了而已。

儘管如此，我們也不能說「工作量超出負荷了，沒辦法做」，就兩手一攤把工作扔給別人。因而，假設工作量不變，那首先應該考慮的，想必就是排定待辦事項的優先順序。不過要是待辦事項很多，而且每一件都是最優先且重要的事，又該如何是好呢？在這種情況下，只調整行事曆或制定優先順序將難以改善工作效率。

說到底，當頭腦轉得慢時，就無法再為事物制定先後次序。就算安排好優先順序，也會花不少時間去調度時程，而在時間上造成了不容小覷的損失。

工作量沒有改變，只能慌忙地被時間追著跑，我想因此累積壓力的人大概也不在少數。

我去某間企業舉辦研習講座時，來參加講座的員工曾對我說：

「去年我當上了公司內部專案團隊的負責人。

一開始真的是幹勁滿滿，但專案啓動後，我整天都在處理團隊內部的進展、預算管理、對後輩的指導，以及爲他們的疏失善後，結果自己原本該做的那些工作都只能不斷往後延。

總之，一整天的時間轉眼就沒有了，有時難免也會感嘆『今天該做的任務連一半也沒完成』，感覺疲勞和壓力導致腦袋轉得愈來愈慢。如果我能隨機應變地調整工作先後順序，或是可以在一瞬間做出判斷，說不定工作就能進行得更順利一點……」

那名員工在說這段話時，表情顯得很鬱悶。

陷入上述狀況時，類似「時程管理技巧」這種純粹的工作要領已無法有效應對困境。畢竟，**資訊處理能力驟降的狀態才是問題所在**。

無論是否有自覺，人每天都會一直在無意識下做出大量的決斷。

當然，**人類所有的思考、行動均由大腦掌控**。腦袋轉得慢的話，就連做一個決定都會耗費不少時間。何況當決策出錯時，更需要花時間去修正。

要想提高效率，改變「用腦方式」才是捷徑

人們在工作上追求ＴＰ值的原因之一，不外乎是年輕一代「希望工作有效率，讓自己的私人時間更加充實」，這種想法愈發強烈的緣故。

有一名年輕有爲的企業員工曾這麼說：

「要是聽到我主管講他『年輕時加班到半夜都很正常』、『假日都奉獻給公

司』的事蹟還引以爲傲，我會很失望。我想盡量避免那些拉低工作時效比的事，例如浪費時間的冗長會議或公司聚餐等等。」

先不論主管的事蹟和聚餐是否屬於浪費時間的行爲，我認爲問題其實不是表面上對工作的處理方式或意識形態，而是「用腦的方式」並未改變。關鍵在於**大腦版本的更新**。若能升級大腦，工作效率必然節節攀高。只要運用「速讀腦特訓」提高資訊處理的速度，任何人都能做到「一心多用」。

人腦的運轉效率本來就極其快速，可處理的資訊量也相當龐大。大腦天生就具有多工處理的能力，能夠輕鬆地在同一時間進行多項工作。

本書將帶領各位透過「速讀腦特訓」的實作來加快思維速度，並同時進行擴展視野的訓練。

視野的拓寬可培養掌握事物全貌的能力。只要可以迅速從許多情報中捕捉那些對自己正在處理的工作有益的資訊或意見，工作效率便能有所提升。當然，閱讀資料的速度也會隨之上升，或許單憑這一點就足以提高ＴＰ值了。

綜上所述，**要增加工作效率，與其大量採用各式各樣的工作技巧，不如從大腦本身著手更有效果**。

若以汽車來比喻，就如同車內安裝的是耗油的舊型引擎，那車身再怎麼簇新發亮，車子本身的性能也不會改變。同樣地，如果只學會了工作的技巧，但頭腦的資訊處理能力仍然相同，那本質上還是不會有任何變化。

因而，我們的首要目標就是把大腦這個引擎的版本升級到最新。

提升大腦資訊處理能力，就能擴展自己的可能性

大腦轉速變快不僅能提高資訊處理的能力，還可以讓人看清事物的本質。

事實上，過去曾發生這樣的事。

我在某間於一級行政區內名列前茅的高中教導棒球隊「速讀腦特訓」技巧。高中棒球隊有冬季期間不能參加比賽的規定，所以隊員們無從得知自己的實力強弱。於是我告訴學生：

「你們可能會認爲冬天就是莫可奈何的時期，但此刻其實才是最重要的。現在這個時候要好好練習技巧、鍛鍊身體，提高大腦的機能。」

學生聽了這段話以後，告訴隊上的顧問老師：「冬天對我們來說才是最重要的時期，對吧！所以我們要針對唯有冬天才能做的訓練加倍努力。」

藉由持續不輟的「速讀腦特訓」，棒球隊的孩子們最終得以自行判斷什麼是對當下的自己而言最爲必要的事物。他們甚至還向顧問老師和我宣示，要認眞地以甲子園爲目標。這眞的是莫大的成長。

一旦大腦升級，人就能期待自己的可能性。原本先入爲主地踩了煞車，心裡擅自認定「我們這種等級去不了甲子園」、「要兼顧學習和球隊太難了」，卻開始能夠轉換思考，感覺「我們想做也做得到」。

僅需像這樣擺脫腦中的限制，就可以從「要怎麼樣才能做到」的角度來看待事物。

雖然人每天都要做出大量的決策與選擇，但只要能對自己的潛力抱持期待，那麼大腦就會自然而然地做出「讓自己辦得到」的選擇。

此外，不斷進行「速讀腦特訓」讓大腦升級的話，這些本來就有運動特長的學生特別容易變得「文武雙全」。因爲有積極參加體育活動的孩子們早已從過去的積累中取得一定的成果，所以他們會爲了贏得比賽而在必要的練習上默默耕耘。

把這樣的努力套用在課業後，他們就可以像運動一樣逐步打好學習基礎，因此便能成就「文武雙全」的未來。

相較之下，「很會讀書卻不擅長運動的孩子」要是也想在運動領域取得佳績，或是以「文武雙全」爲目標，那就比較困難了。也就是說，長期投入運動訓練的人若增強腦力、努力讀書，會相對容易有好成績。

「腦力」差異也會造成工作能力的差距

有一次，某間企業的人資人員有些慌張地聯絡我，問道：

「老師，不好意思突然打擾您，請問您可不可以爲敝公司再次開設『速讀腦特訓』講座呢？」

這間企業在新冠肺炎疫情擴大前曾定期爲全體員工舉辦「速讀腦特訓」的進修，後來因爲只能透過線上遠距進行而暫時中止。

然而，在講座中斷的這兩年間，由於應屆畢業生與轉職者等新進員工的加入，讓他們發現至今爲止持續研習「速讀腦特訓」的員工與不曾參加「速讀腦特訓」講座的員工，在工作能力上形成了極大差異。

正是因為習慣做「速讀腦特訓」的人與未曾這麼做的人在相同的職場工作，才會明顯感受到兩者在工作速度、工作量、資訊處理能力及判斷力的差距。

這並不是要指責表現不如預期的員工，只是證實了經常且持續更新大腦版本的人和一般人在腦力上果眞有落差罷了。從某種意義上來說，這也是沒辦法的事。

現在這間企業主要針對新進員工重啓「速讀腦特訓」的培訓，所有人都會實際體驗到腦力轉瞬上升的感覺。每當我去企業講授時，都能收到聽講者表示「我現在能勝任以往不擅長的多工處理了」等等令人欣慰的感想。

另外，以前有一間企業只委託我為新進員工做「新人培訓」。不過這麼一來，各位覺得會帶來什麼樣的結果呢？答案是下屬們的腦力不斷提高，沒過多久就超越了他們的上司。

因此我安排企業培訓時，都會請求對方：

「希望一開始是由管理階層或幹部先接受『速讀腦特訓』。」

這麼做是因爲培訓可以讓新員工有能力勝任工作，但終將導致新員工輕視上級的弊端。

也就是說，新員工透過「速讀腦特訓」提升大腦效能後，**就能區別什麼對自己有益或無益，以及看穿對方是否為空口說白話**。

因此，讓公司管理階層、幹部或主管的頭腦轉速加快，是不可或缺的第一步。在這些人已經用「速讀腦特訓」提高自己的資訊處理能力之後，再讓新人或他們的部下做「速讀腦特訓」，如此一來，公司的業績才會自然而然地上升。

只要頭腦運轉得快，終將更理解所讀內容

曾有人對我說：

「開始做『速讀腦特訓』後，雖然閱讀的速度變快，但有沒有真的理解書中內容卻是一個疑問。」

這是關於「速讀腦特訓」常見的誤解之一。

思維速度加快後，閱讀速度確實會變快，但也不是任何內容都能立刻讀懂。

比方說，就算你去翻閱艱澀的《六法全書》，若是沒有法律相關知識就沒辦法理解其意思。無關閱讀速度的快慢，只要不具備該領域的知識，就難以掌

握書中內容。

儘管如此，「速讀腦特訓」的強大之處是「在同樣時間內可以閱讀得更快且更多」，所以最終還是能藉此迅速增長自己的知識。

再者，閱讀速度快便可在短時間內反覆讀好幾次，這帶來的正向影響就是，儘管面對艱深的知識領域，也有辦法更快地掌握其內容。

簡單來說，透過「速讀腦特訓」，我們可以用一天閱讀原本需要三天才能讀完的書，還能在這段期間重複地讀同一本書，提高自己對書中內容的理解度，就結果而言，這樣便能更迅捷地理解萬事萬物。

剛開始做「速讀腦特訓」的人常有這樣的反饋：

「不僅僅是書讀得更快，也更能適應人們的說話速度並加以應對，所以我與客戶的交流現在更順暢了。」

以前在做演講資料時，都會花大量時間閱讀很多專業書籍，不過在開始『速讀腦特訓』後，感覺吸收資訊的時間變短，理解內容的速度也加快了。」

由此可見，**當大腦的資訊處理能力上升，人們對各種事物的理解力也會隨之增加。**

本章重點

就算禁止加班、超出負荷，
只要升級大腦，效率便自然有所提升。

CHAPTER

2

透過「速讀腦特訓」，以最快速度取得最大成果！

為何長大成人後，一轉眼就過完一天？

當我談到「人腦的資訊處理能力本來就很快」時，也許有人會說：「那是指頭腦生來就轉得快的人吧？可是我的腦子原本就轉得慢。」

然而，**我們的大腦天生就具有驚人的「腦力」**。

上一章已有提到「要讓大腦轉得更快」，但如果我進一步告訴大家：「嬰兒時期是人腦轉得最快的時候」，各位會不會感到驚訝呢？

有許多的講座聽眾曾表示，我的講授內容讓他們「想起小時候對時間的感覺」。

大家會不會覺得，小學放學後和朋友一起玩的時間似乎有半天那麼長呢？但實際上，那段時間通常是兩個小時左右。

為何會出現這種狀況？

關鍵就在於「體感時間」。其實，時間可分為物理上的時間與心理時間兩種。心理時間即為「體感時間」，對小孩而言比大人來得更長。

事實上，這也與「大腦的運轉」有關。前面述及嬰兒的頭腦轉速很快，但隨著人的成長，大腦的運轉就會變得愈來愈慢。假設孩童的思維速度是 1 小時 3 個來回，那麼大人的速度約莫是 1 小時 1 個來回。換言之，成年人思考 3 個來回需要 3 小時，這就是成人感覺時間過得很快的原因。

但若做了「速讀腦特訓」，大腦的轉速就會像孩提時代那麼快，因此便能感覺時間過得很慢。

大腦是速度狂！速度愈快效能愈佳

在咖啡廳喝茶的時候，明明之前都沒有注意店內的背景音樂，然而一旦播放到自己喜歡的曲子，樂聲就會清清楚楚地傳進耳裡；在派對等場合被叫喚名字時，會不由自主地回頭看……類似這樣的經驗，我想每個人應該都曾經有過吧。

這些都是因爲**人腦會常態性地對與自己相關的資訊做出取捨**。

另外，睡覺作夢的時候，在夢裡感覺像發生了一整天的事情，現實卻只過了幾分鐘，各位是否經歷過這種情形呢？這是整個大腦都在以高速處理資訊所產生的現象。

睡覺時不會對大腦造成負擔，所以它可以在原始狀態下高速運轉。然而醒著的時候，我們會下意識地爲大腦踩煞車，想著「書要慢慢讀才能夠理解」或「工作要花時間慢慢做到好」，導致頭腦的轉速變慢。

我們的大腦本來可以迅速處理資訊，但卻刻意放慢處理的速度，令它感到十分疲憊。

如果把一句話拆成單一的文字卡片依次拿出來讀，例如：「昨」、「天」、「的」、「天」、「氣」、「是」、「晴」、「天」，其實很難在瞬間讀懂這些文字的意思，對吧？

反而是直接的一句「昨天的天氣是晴天」，會更快理解其含意。

雖然常言道：「慢慢讀更好懂」，但大家應該能從這個例子明白，情報量愈大，大腦才愈能迅速地處理資訊。

或許會有人疑惑，使用「速讀腦特訓」快速閱讀文章是否會對大腦造成負擔？其實**人腦的資訊處理速度天生就快，所以接收到大量訊息時反而更能運用自如**。

比如，明明駕駛著搭載高規格引擎的汽車，但一直慢吞吞地開車，就無法發揮其原有的性能，引擎的狀態也會愈來愈差。

只要堅持做「速讀腦特訓」，就能讓大腦以更愜意的速度來處理資訊，從而在最佳狀態下應對工作。

「事後才意識到已經做完工作」時，大腦是何種狀態？

舉例而言，請各位回顧一下自己感覺「今天工作進展得很順利」的日子。想必當下並非手忙腳亂、慌張焦慮，而是覺得時間過得很慢吧？

我想大家應該聽說過，在棒球、足球等體育運動的世界裡，有一種狀態是「感覺球速變得很慢」、「周遭事物運作得很緩慢」。

以貼近我們生活的例子來說，在跑步快要跌倒時，是不是會有一瞬間感覺像是以慢動作發生呢？此時的大腦就處於高速運轉的狀態。

這種狀態在體育界似乎被稱為「進入ZONE」。當大腦高速運轉時，人的感覺會像是時間停止般敏銳，可在短時間內做出適當的判斷。

這是因為**大腦處於放鬆狀態，能瞬間接收大量訊息並隨機應變**。由於體感時間變得很慢，即使發生預料外的事情也可以冷靜應對。

此外，在這個狀態下可以清楚看見周圍的狀況，所以也能即時對他人的呼喚做出反應，就算突然有緊急的事要處理也不會感到慌亂。

不同於專注一件事的時候，在上述狀態，你可以做出最佳選擇來順利完成工作或課題等任務。

這時的大腦也處於高速運轉的狀態，不會覺得焦慮或窮途末路，而是能在感到時間緩慢流逝的狀況下推導出最適合的答案。

就結果而言，這能夠讓人高效且不浪費精力地工作，因此打造這樣的工作狀態，可說是提升工作效率的捷徑。

迄今為止，人們都以為要將大腦性能提高到極限，必須嘗試呼吸法或冥想等特殊訓練，領悟了這些方法的人才能成為頂尖選手。

但其實，任何人都有可能進入這種狀態，其方法正是「速讀腦特訓」。

持續進行「速讀腦特訓」，讓「非凡」成為「常態」

「想成爲工作卓越的人。」

「希望能達到非凡成就。」

有這樣的目標並無不妥。

然而，若是以成爲「了不起的人」爲目標，那實現目標就變成了終點，無法獲得更進一步的成長。

與我有往來的某間企業，在其分公司有一名銷售成績向來穩居冠軍寶座的員工，雖然周遭的人都稱讚他「很厲害」，但他本人在不知不覺間已經把這種狀況視爲「普通的事」。聽說他現在的目標是成爲包含總公司在內的企業集團銷售冠軍。

如前所述，即使最初把目標放在自己無法觸及的「偉大成就」，但只要自己有所成長，這些「偉大成就」總有一天會變得「理所當然」。

在運用「速讀腦特訓」增加思維速度後，以前那些需要用十成力氣完成的工作，現在將能以兩成、三成的力量去完成。

持之以恆地進行下去，那麼每天以三成力氣工作就會變成「常態」。更棒的是，能在具有十成力氣的狀態下，從容不迫地使用三成或四成之力處理工作。

當然，必要的話也可以使用十成力氣去實行。不過，游刃有餘地工作，爲自己保留餘力是很重要的。

這種**能夠自在發揮自身能力的狀態，才是真正意義上的「了不起」**。

聊聊題外話，日本將棋界史上首位獨攬八冠的藤井聰太，在電視採訪中被問及：「您真的很了不起。請問您對此有什麼感觸呢？」他這麼回答：「我覺得還有很多待完成的課題，得更加精進自己才行。」

對於達成那般偉業的藤井先生來說，奪得八冠一事並非什麼「了不起」的事，而是他的「日常」。或許正因如此，他才有辦法找到「還能更上層樓的待完成課題」。

人有「3種動腦方式」

我曾聽一位商務人士講過這樣的話：

「明明漫畫我看得很快，可是一般的書籍就只能慢慢地讀。我真的很希望連一般的書籍都能快速閱讀……」

這種案例所在多有。

其中也有人是商業書讀得很快，但小說唯有慢慢閱讀才能理解。

順帶一提，我看漫畫的速度比閱讀一般書籍還慢，畢竟必須同時看著圖畫與對話框。

要速讀當然沒問題，不過可以自由選擇閱讀速度才更重要。**我們的目標並**

不是單純地快速閱讀，而是能根據不同狀況調節自己的閱讀速度。

想要掌握這一點，得先理解「大腦運轉的機制」。

人類生來就有 3 種動腦的方式，即「天生思維」、「人創思維」以及「人控思維」。

「天生思維」指的是人與生俱來自然的思考方式。

「人創思維」是要努力踩油門才能進入的思考狀態。

「人控思維」則是指已用盡全力將油門踩到底，仍處於打低速檔的狀態。

這 3 種用腦方式若各自爲政，大腦就無法有好表現。「速讀腦特訓」是一種協助人們發揮自身原有高性能腦力的訓練。

一旦大腦的 3 種運轉方式協調運作，就能像前述那般感覺到時間流逝變慢，並且得以高效無誤地完成工作。

只要能控制大腦的運轉，「快慢」皆隨心所欲

接著，在提升腦力並協調３種大腦運轉方式後，就可以調整轉速了。

以前面的漫畫與一般書籍爲例，假設有一名頭腦轉速爲１００的人，他看漫畫時用的是１００的速度，一般書籍則只用轉速60來閱讀。當這些速度是出於他本人無意識的閱讀模式時，會讓他疑惑「爲什麼我讀一般書籍不能像漫畫那麼快？」可是如果這是他有意爲之，覺得「看漫畫就用我與生俱來的速度，一般書籍則是刻意降低速度去讀」，從而調整閱讀速度的話，大家不覺得這就是最完美的狀態嗎？

我們可以用最快的速度閱讀與工作有關的資料和商管書，藉此提升工作效率，另一方面，自己感興趣的漫畫和小說則特意放慢速度精讀，依照需求來區分大腦的轉速。

要做到這一點，第一步就是加快頭腦運轉的速度。**只要讓自己平常就處於能發揮自身腦力到極致的狀態，之後便能臨機應變地調整轉速。**

舉例來說，10秒就能跑完100公尺的人，也能花15秒的時間跑完，但要反向操作卻不太可能。因此，只有把基本速度設定在較快的狀態，接下來才可隨著狀況調節速度。

這套方法當然不僅適用於讀書，在工作上也能加以應用。真正意義上的高TP值，是既有超速的頭腦運轉，也可以從容地行動。這麼一來便會減少失誤與非必要的行動，最終得以提升工作效率。

有一位商業人士告訴我：

「月底較忙時，我會把大腦的轉速拉快到極致，高速處理工作；不過在較不忙的月初，公司內部對速度沒有期許，所以我會慢慢推進工作進度。重要的是別被時間追著跑，也就是要能熟練掌控自己的時間和工作，對吧。」

綜上所述，如果可以巧妙地區分「人控思維」與「人創思維」，那麼工作和私生活就都能充實地度過了。

另外，提高工作效率並非是指全公司只要自己一人超速工作就好。語速快又匆忙的人和腦筋動得快但語速慢的人，兩者與周遭人等的交流是不一樣的。就算是爲了在工作中與身邊的人順暢溝通也好，希望各位不要一味地追求速度，而是學會適時調節，這一點很重要。

拓寬視野便能「同時進行」許多事

判定一個人工作能力強的條件之一，即是可同時進行多項工作的「多工處理能力」。

藉由「速讀腦特訓」提升大腦資訊處理能力後，任何人都能做到「一心多用」。由於大腦會與各式各樣的部位合作，因此當各項機能皆可高速處理時，它便能同時推進多項任務。

多工處理的重點在於視野的廣度。只要**視野夠廣**，就能捕捉到更多的情報。

不管是讀書還是工作，都經常會有人要求「更專心一點」，但專注在一件事時，人的視野無論如何都會變得狹窄。如此一來，就只能用有限範圍內的資訊來做判斷，所以資訊處理能力便會隨之下降。專注在一件事上，乍看是好事，但其實不然。

比起專注一事並透過窄小的視野接收資訊，用寬闊的視野一次獲取大量情報，大腦才更能同時處理多項工作。其結果就是讓一心多用成爲可能。

那些過去認爲「應付一件工作就很棘手」的人，也可以透過拓寬視野去俯瞰工作全貌，同時執行各種不同的任務。

附帶一提，也有人因爲持續練習「速讀腦特訓」，而能夠邊做菜邊追電視劇，同時還能分心跟家人聊天。

還有學員表示，她現在變得可以邊和朋友講電話邊看電視，而且在電話裡跟朋友聊電視節目的內容，甚至還能夠同時塗指甲油。

這在工作上也是一樣的。我們能一邊用電腦查看郵件，一邊編寫演講資料，並且同時針對後輩的工作諮詢做出相應指示。

這種能夠一心多用的情形，對大腦來說是非常舒服愉悅的狀態。

大腦最愛「同時作業」

「安靜無聲的地方更能集中精神，使工作進展飛快。」

有這種想法的人應該爲數不少吧？

可是大腦天生就覺得並行處理多項任務更舒服。**大腦的喜好是「同時作業」**，例如在播放著背景音樂的場所工作。

就像在咖啡廳之類的地方可以聽到身旁人們的對話，音樂也在耳邊流淌，但還是有相當多人會在那裡一邊喝咖啡，一邊打開筆電工作或學習。

我們知道，相較於靜謐無聲的環境，像這樣存在某種程度的聲音可讓大腦整體更加均衡運作，提高做事的效率。

雖然也有人在圖書館之類的安靜場所讀書更有良效，但正如前面所述，要是只專注在一件事情上，視野就會變窄，頭腦的工作效率也會變差。就算自己感覺靜謐的場所更好，但對大腦來說也有可能難以確實提升效率。

再舉一個具體例子。

假設交付你一項工作，需要你在桌面以１公分的間隔放置１００根牙籤。

這時你會從下列條件中選擇哪一種情境呢？

①一個人窩在安靜的房間裡，默默地擺牙籤。
②和好幾個朋友待在房間裡，邊聊天邊排列１００根牙籤。

實際去做就會知道，一邊適度地聊天一邊動手進行，可以讓工作在不知不覺間完成。

儘管人們往往認爲安靜的環境能讓做事更輕鬆，但其實一個人默默地做是十分辛苦的事情。

也常有人會說：「少說話，多做事。」不過對大腦而言，「在說話的當下並行處理其他事務」是會升級其機能的一種狀態。

就算不跟別人聊天，哼著歌做家事不也更有進度嗎？這是因爲「在唱歌的同時」做事，讓大腦處於放鬆愉快的狀態，會促使我們表現得更好。

從「腦波」這個詞彙也看得出來，「波」是一種「節奏」，大腦會與輕快的音樂同步。因此若想讓頭腦轉得快，與其播放慢歌，不如播放一些節奏明快的音樂。

只要用「這種方法」，高效工作者輩出！

這是我去某間公司舉辦講座的經歷。那間公司內有１００多人在靜謐的樓層中工作，因此我便提議：

「這樣會讓效率不佳，還是請放點音樂吧。」

其實這間公司以前有播放音樂的習慣，但有好幾位員工表示「放音樂會讓自己分心」，所以才取消音樂的播放。

不過仔細想想，這是爲了增加部分人士的效率而降低了大部分人的效率。我在開設培訓講座時向公司提及這一點，並請他們降低背景音樂的音量。

後來我從很多員工那裡聽到這樣的感想：

「現在可以放鬆心情工作，所以也就不太容易累。」

「工作進展得更順利了。」

「開始能一心多用，同時處理多項事務了。」

如前所述，**大腦本就擅長並行處理，所以邊聽音樂邊喝咖啡能讓頭腦整體更均衡運轉，使工作順利進行**。

在客廳唸書更有效果的說法也是基於相同的原因。有資料顯示，在日本考上東京大學或京都大學這種頂級學府的人，很多都是從小就在客廳讀書。

客廳可以聽到家人聊天的聲音、電視聲與煮飯聲，在能適當聽見這些聲音的環境裡，大腦便有辦法在平衡的狀態下工作，從而創造更好的效率。

各位要知道，「不待在安靜的環境裡就無法集中精神」、「工作與學習會很不順利」等等，都只是他人灌輸給我們的錯誤常識和偏見。

科學也證明了！「速讀腦特訓」會廣泛活絡大腦

在大腦的相關研究中，曾有一段時間針對「左腦」、「右腦」各自具備的功能發布了各式各樣的學術研究數據。

直到現在，世人仍未完全揭開人類大腦的所有機能。即使普遍認爲「人類目前僅使用全部腦力的百分之幾」，但這也並非是因爲我們吝於運用而有所保留，更何況是去執行「現在只用右腦」的控制命令。

我從以前就在想，「爲什麼人們只想鍛鍊右腦？提升大腦整體的表現不是更好嗎？」

我在吳式訓練法「速讀腦特訓」中設定的目標，**不是局部鍛鍊「右腦」或「左腦」，而是要均衡地運用整個大腦**。

是故，我打算向大家展示科學數據，證明實施「速讀腦特訓」可以使大腦整體更加活躍。

爲我驗證這項實驗的是擔任奈良學園大學復健系主任，且長年致力於腦部研究的辻下守弘教授。

我與辻下教授結識於2010年，當時我在電視節目上介紹「速讀腦特訓」，辻下教授則以光學斷層掃描技術爲我測量大腦的血液循環狀況。

我在做「速讀腦特訓」的前後，測量了腦中的血液流通變化。

結論是，**做完「速讀腦特訓」的大腦血流狀況變得通紅，整體血液循環皆更加活躍**。

辻下教授對這一檢查結果相當感興趣，後來都會定期前來測量並研究「速讀腦特訓」與大腦血流和腦波的關係。

接著來介紹辻下教授對「速讀腦特訓」的見解。

「這邊講解的是持續進行『速讀腦特訓』者的腦波資料。文字讀寫或閱讀時，左腦的活動會占主導地位。不過看到下面這張圖後，各位應該也能明白，從訓練時的腦波來看，明顯可見這項訓練運用到大腦的大部分範圍。畢竟大腦正在以寬廣的視野捕捉資訊，快速且大量地吸收整篇文章的內容，並在閱讀的當下並行處理這些情報。

從這個現象可知，**做『速讀腦特訓』可以讓大腦整體更加活躍，而非只有一部分受到刺激**。

大腦活絡的範圍愈廣，處理資訊的速度就愈快。換言之，這證實了『速讀腦特訓』可讓大腦進入高效應用的狀態。」

綜上所述，透過「速讀腦特訓」的訓練可使大腦整體活化。

持續做「速讀腦特訓」者的腦波

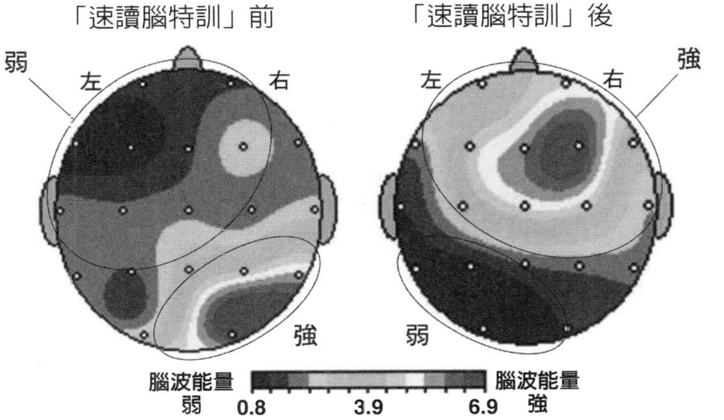

而且辻下教授還說：

「運動選手經常有『進入ＺＯＮＥ』的說法。所謂的ＺＯＮＥ，指的是一種時間暫停的感覺，能看見球或對手靜止不動，在一瞬間做出適當的判斷。

在腦波中，位於 α 波與 β 波正中間的波段叫做ＳＭＲ（感覺動作節律），這是12至15赫茲左右的腦波，主掌感覺與運動節律。

練習釋放掌管放鬆的 α 波的訓練過去有一陣子曾是主流，不過這在進入ＺＯＮＥ時會過度放鬆反而不太好，也不適合像 β 波運作時那樣過於緊張。介於兩者之間的感覺動作節律狀態最為合適，只是要進入它的ＺＯＮＥ狀態相當困難。

不過在試著取得數據後，我們觀察到做『速讀腦特訓』**會產生與進入ＺＯＮＥ時一樣的ＳＭＲ波**。這眞的是一項劃時代的發現。」

我協助過的運動選手中，在將「速讀腦特訓」融入日常訓練後，有許多人因此進入辻下教授所言的ＳＭＲ波狀態並取得成果。

不僅運動選手，上班族亦如此。另外，島津製作所也以員工培訓爲契機，定期運用「LIGHTNIRS移動式光腦機能成像裝置」來研究「速讀腦特訓」時的大腦活動數據。結果顯示，不分年齡，只要做了「速讀腦特訓」，就會有腦部活動更活躍的傾向。

做「速讀腦特訓」時的SMR腦波產生源分布

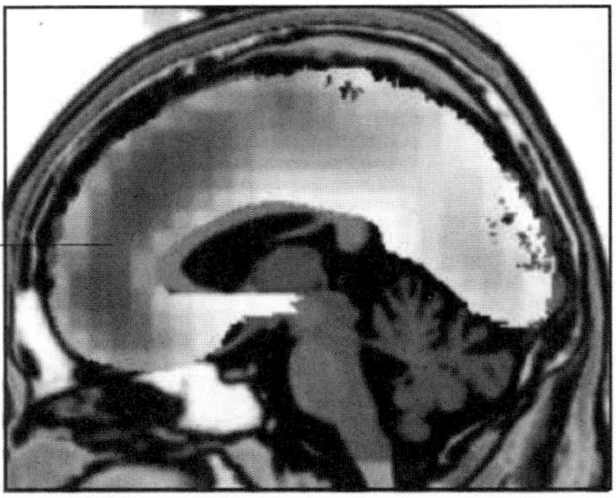

目的並非「速讀書本」，而是「強化大腦機能」

目前爲止，我想各位應該已經明白，**「速讀腦特訓」不是一種單純以快速讀書為最終目標的訓練**。

想要使整個大腦活絡起來，就必須將大量資訊迅速傳遞至腦中，而爲此所做的腦部準備運動便是「速讀腦特訓」。

無論是運動、演奏樂器、跳舞還是讀書學習，想有所長進都需要經過訓練。然而在訓練之前的階段，每日的準備運動也必不可少。「速讀腦特訓」就是作爲一種活化大腦整體的準備運動來進行的。

剛開始可能會很在意，總想著：「該怎麼閱讀書籍比較好？」、「不仔細精讀沒問題嗎？」、「我閱讀得夠快嗎？」、「我大腦的運轉有變快了嗎？」但只要堅持下去必定能找到感覺，無須擔心。

舉例來說，還不會騎自行車時，不知道應該怎麼保持平衡，即使握著車手把也會歪歪扭扭地左右偏離，無法直行前進。不過練習幾次之後，身體自然而然地找到平衡點，就變得會騎自行車了。

「速讀腦特訓」同樣如此。並非憑藉理論，而是透過實踐來找到感覺。還請務必利用「速讀腦特訓」體驗一下快速吸收大量訊息的感覺。

我將在CHAPTER 4爲大家介紹詳細做法與準備事項。

本章重點

大腦天生就很優秀！
連科學都證明了「速讀腦特訓」可提升任何人的腦力。

CHAPTER 3

每一天都更加順利！「速讀腦特訓」的益處

從事業工作到日常生活，好事不勝枚舉！

正如前文所述，吳式訓練法並不是一種單純為了速讀書本的訓練。我們要活用「速讀腦特訓」提升腦力，藉此高速處理五花八門的事情。

然後堅持不懈地練習，讓自己能夠在維持腦力進化的狀態下生活。

本書的 CHAPTER 2 也曾提到，我們的大腦本來就具有出色的處理能力。「速讀腦特訓」是一項能夠讓人高速處理事務的訓練，雖然我們是這樣描述的，但或許也可以將它視為一種**激發大腦原有潛能的訓練**。

可能有人擔心，若一直處於腦力升級的狀態，會不會反而令大腦太疲憊。

確實，要頭腦超越自己的極限全速運轉，無疑會導致疲累。用汽車來比喻的話，就是把油門踩到底的狂奔狀態。一直這樣全速行駛，不但會增加引擎的負擔，還會瞬間過熱。

在這種狀態下，工作自然無法順利進行，也會因爲失去餘裕而使精神狀態變得緊繃不安，最後甚至難以跟周遭的人溝通交流。這麼一來，團隊合作也會因此崩盤，進而可能對整個組織造成不良的影響。

針對這一點，**採用「速讀腦特訓」可使大腦轉得更快，藉此讓當事人發揮出自身的最佳表現**。只要大腦以舒適的速度運轉，時間感就會變得很緩慢，呈現安穩的狀態，內心也會變得更加從容。

持續訓練的話，便能從日常生活到商務場合等眾多情境中感知到自己的變化。而且或許看待人生的方式亦會發生改變，變得更加豐富多彩也未可知。

本章將具體說明可以在生活中的哪些時候察覺到特訓的成效。

工作效率愈來愈好

只要身體力行「速讀腦特訓」，就能學會在短時間內檢視大量資料與檔案。閱讀速度變快，就有餘裕留下更多的時間去理解內容，從而提高工作執行的速度。

以前曾有人讓我讀一篇論文。我把拿到手的論文從頭到尾讀了一遍，讀完還給對方時，他要求我「再仔細讀一遍」。雖然對我來說是如常地讀完了論文，但在對方眼裡，似乎以為我不過是大略瀏覽過一遍。

於是對方便以論文中寫到的內容向我提問，而我準確的回答則讓他明白我確實已將該內容銘記在心。

因此，**持續實行「速讀腦特訓」，就能在令周遭人等都感到驚訝的短短時間內理解大量的文章**。然而當事人只不過是極爲普通地在閱讀資料，並沒有勉強自己去努力速讀。

如先前所述，一旦腦袋轉得快，時間就會感覺變得很慢，所以能在充分理解內容的情況下從容做出決定，也能迅速採取下一步。

迅速敏捷地完成工作看起來似乎全是好處，但其實事情不小心太快做完也還是有一些該注意的地方。

曾有聽講者在參加我的講座後，實際工作的速度變快了，卻反倒變得更加忙碌。

雖然該名聽講者因此在任職的保險公司獲得銷售冠軍的佳績，但他原本似乎是想透過提升工作速度讓私生活更有餘裕，調整工作與生活的平衡。

只不過，因爲工作效率變得比以前更好，所以又追加接受新任務，而且連他自己也想著「反正我的工作都做完了，就順便做一下這個吧」，結果時間都被工作塞滿，毫無餘裕可言。

遇到這種狀況時，請不要心想「我要趕快做完，接著再做下一件事」，而是考慮到「我知道自己可以提早完成，所以現在就暫時休息一會兒吧」。

知道自己的工作速度後，應該就能隨心所欲地控制自身的工作量。要讓敏捷的工作狀態得以長期保持下去，最好的方法就是使自己處於從容狀態。

「速讀腦特訓」不僅會提升腦力，也包含了這樣的思考方式。後面的篇章將會提及這一點，還請一定要牢記在心。

防範失誤於未然

從平日微不足道的小差錯到重大失誤，人生總是可能面臨各式各樣的失敗。我想每個人都有過這樣的經驗，只是對某些人來說，失敗多少會影響他們的個人表現。

那麼，失誤都會在什麼時候發生呢？

舉例來說，有時過度專注於一件事，甚至到了對周遭情況視而不見的程度，結果就會在稍不留神時犯下錯誤。

另外，也可能在短期間內遇到許多問題，而於時間壓力下慌慌忙忙地做完工作，導致出現了失誤。儘管往後只要謹慎處理不重蹈覆轍即可，但依情況不同，有時或許連整理思緒的時間都沒有。

更何況有時也會被「我失敗了！」的負面想法所影響，沒有餘裕再留心周遭形勢，導致接連失敗，而讓事態發展每況愈下。

即便是遇到這種窘境，**如果有做「速讀腦特訓」，思維便能轉換得更快，讓大腦發揮最佳表現，確實地將意識投入於眼前的各項工作**。如此一來，就得以防範失誤於未然。

此外，「速讀腦特訓」中還包括了拓寬視野的訓練。一般會形容一個人的「眼界寬廣」，但所謂的「眼界」含有兩種意思。

其一是開闊的視野，從中獲得的資訊量將有所改變，可讓人看清周遭事物。

因爲注意力能夠擴展至目所能及的每個角落，周遭的事物或者他人的一舉一動都盡在掌握之中。

各行各業在工作上都會遇到一項共同點，那就是文件或資料的錯字、漏字等文書相關失誤，若有寬廣的視野，便能立刻注意到這些小錯誤。

即使是從事業務工作，並未在聯絡上出錯，也仍然可以事先注意到傳達上的誤差與未盡完善之處，並及時補充說明。

對販賣商品的服務業來說，有廣闊的視野就能看到店內整體，迅速注意到哪些商品的數量過少而需要盡快補貨，以避免給人供貨量不足的印象。

其二則是能透過廣泛吸收各種資訊與觀點，針對問題或課題做出適當的判斷與行動。

腦力提升使錯誤減少，這都得益於**「眼界寬廣」**的兩種含意意義。

出錯也能快速修正

「速讀腦特訓」也能用於增加判斷力。因此即便出現失誤，也能在一瞬間判斷出應採取什麼行動才能最好地挽回局勢。

由於能清楚地觀察周邊狀況，**不僅可以保全自身，說不定還能協助處理工作夥伴或下屬的錯誤**。

在工作上最重要的就是「反覆試錯」。新的挑戰難免會伴隨著失誤，但只要事先提高自己的腦力，就能盡快發現需要改善之處。

再者，若內心維持從容狀態，也能因此更寬容地面對錯誤，產生就算犯錯仍可順利解決的自信。

甚至在出錯時可以冷靜判斷哪些資訊不夠充足，或是該下達何種指令以減少錯誤發生。

我自己在指示辦公室員工做事時，就算出了什麼差錯，也會優先思考自己是否有將指示及工作內容等資訊確切地傳達給對方。之所以能有這樣的思考方式，就是因爲我的內心從容有餘。

我想，只要有即使出錯也能馬上挽救的自信，工作效率就會不斷地上升。

做事更有條理

腦力因「速讀腦特訓」提升後，做事也會更加有條不紊。

第一，眼界變得更寬廣後，可以接納各式各樣的想法，也能宏觀地俯瞰整體狀況。其次，能從容考量每一項內容，確實掌握必須執行的事項。甚至還能判斷出哪件事特別緊急，按照何種順序執行最有效率等等細節。

在待辦事項接二連三，且時間緊迫的狀態下，人往往會表現出更多猶豫不決的行為。

愈是心急地想著「那個也必須做，這個也不做不行」，就愈容易讓每件事都做得虎頭蛇尾，最終難以收拾。而增加多餘工作的結果，就是花費比平常更多的時間去處理。

但是，**若有堅持進行「速讀腦特訓」，縱然遇到這種狀況，也能立即制定事情的先後順序，讓自己得以直接著手工作。**

導致計畫不如變化的另一個主要原因，是無意識的盲動。

比方說，明明記得離開家時應該鎖了門，卻突然感到不安而回去確認，結果發現家門確實鎖好了，不曉得大家是否曾有這種經驗呢？

不過腦力進化後，我們連在這種情況下都可以俯瞰自己的行爲，所以在發生任何計畫之外的事情時，可以迅速回想起自己做過的事。

就算是忙碌時期，各種任務接連不斷，但我們能更快地整理並把握狀況，更有自信地做出行動，決策的速度也會變快。從結果來看，做事就變得更有條理了。

更擅長一心多用

似乎有很多人都「不擅長一心多用」，但各位知道嗎？其實人類大腦非常善於基本的多工處理。

以在我辦公室工作的女性行政人員爲例，她曾說起，以前在家煮菜時小孩若是跟她說話，她就必須完全停下手邊動作才能把對方的話聽進去。看著對方說話雖然重要，但這種在生活中屬於「邊做事邊聽」也無妨的情境，當時的她卻無法應對。

我的另一名員工則表示，在講電話的過程中，若對方需要他寫下簡短的留言轉達其他人，他會沒辦法在通話當下做出判斷。

然而，在各自持續進行「速讀腦特訓」以後，現在上述兩人都已經能做到「邊做邊聽」等多工處理的任務了。

雖然家長對於「小孩注意力不集中」或「注意力容易分散」的困擾時有所聞，但這些煩惱的背後其實是**「必須專注於一件事情」的成見**。

在商務辦公上也有類似的案例。一名上班族以前可以在工作的同時進行簡單的對話或討論，但上司希望他能避免非必要的對話交流，結果聽說他的工作效率就降低了。

當然，對話音量過大會令周遭的人感到困擾，或是一味地閒話家常也會造成職場問題，不過對大腦來說，默默埋頭工作的狀態並不一定加分。

從大腦的特徵來看，**一心多用可以發揮出更好的表現**。而且持續做「速讀腦特訓」能讓大腦自行升級，自然而然形成可多工處理事務的狀態。

那些深信「自己一次只能專注進行一件工作」的人，應該也能在堅持做「速讀腦特訓」的期間逐漸打破既有觀念的限制。

抗壓性有所增強

商業場合中有許多令人倍感壓力的情境，像是對眾人演講、第一次拜訪客戶或發表重要簡報等時刻。

日本有一項民間儀式是在感到緊張時，於手心寫下「人」字並作勢吞入口中來緩解緊張，這就是所謂的自我暗示行爲，用以維持自己內心的平靜。

此外，也有利用自我暗示來提高自身表現的做法，日本橄欖球選手五郎丸步的慣例儀式，或是前美國大聯盟選手鈴木一朗每天早上都吃咖哩等趣聞，可說是廣爲人知。

說不定在緩解緊張上，各位也有著自己獨特的習慣。

事實上，**「速讀腦特訓」亦有舒緩緊張情緒的效果**。我從協助過的學生那裡獲得大量回饋，他們表示自己藉由身體力行地訓練得到了一些成果，譬如在運動競技的正式比賽中充分發揮實力，或是可以靜下心來面對考試等等。

「速讀腦特訓」的效果是加快思維運轉，創造出能讓大腦自在發揮應有表現的狀態。

因爲表現變好了，就算遇到壓力極大的情況，也能沉著地應對工作而不緊張，於是一切便帶來了好的結果。

這麼一來，就會對自己有自信，周邊的人也會給予更高評價，進而使工作更加順利，形成良性循環。

一旦經驗值增加，人就會想要挑戰更高層次的任務。從正向意義來說，即是透過「速讀腦特訓」將壓力轉化成動力。

在企業老闆與職業運動選手中，也有人表示「面臨壓力反而更讓人興奮」。因爲他們知道，眼前的牆愈高，跨越高牆時的成就感就愈大。

一旦大腦升級，對壓力的認知也會有所改變。你要不要也試著感受這種躍躍欲試的心情呢？

不易感到疲累

目前已知疲勞的原因有睡眠不足、壓力、過勞及不規律的生活等種種因素，不過只要持續特訓，就能打造出不易累的最強狀態。

舉例來說，我在向某位運動選手講課時，他提到自己會在固定時間上床睡覺以澈底消除疲勞，但未能遵循這項個人規則時就容易感到疲倦，因此他認爲睡眠很重要。

於是我請這位運動選手把「速讀腦特訓」融入日常生活，採取「想睡就睡」的做法。後來他驚訝地發現，自己的表現比在固定時間睡覺更好。

說到不規律的生活，其實我很常出差，就寢時間也不太一定，平均睡眠時間大約爲兩小時。基本上，只有在想吃飯的時候才吃，整天只吃一餐的日子也不在少數。儘管如此，我也不會因爲肚子餓而沒力氣或感到疲憊不堪，就這樣度過了一天。

還有一個令人勞累的原因是**「設定了全力投入與放鬆休息的界限」**。常有人認爲「要把工作與私生活區分開來」，但刻意設置「放鬆休息」的時間反倒會令人疲乏。

人若處於「放鬆」狀態，代表此時能量將低於平均狀態。也就是說，從「放鬆休息」回到「全力投入」狀態之際，需要灌注大量的能量，結果就容易感到疲勞。

最好的辦法不是設定「全力投入」與「放鬆休息」的狀態，而是**回歸「平均值」**。

從這個角度來理解的話，自然會認爲我們不該將生活劃分成工作時間「全力投入」與私人時間「放鬆休息」的狀態，而是連私人時間也「全力投入」去享受。

不管是工作還是私生活，只要我們皆毫不猶豫地「全力投入」，最後就會回到「平均值」而非「放鬆休息」狀態。堅持進行「速讀腦特訓」後，會變得更容易「回歸平均狀態」，不必浪費能量去切換「全力投入」與「放鬆休息」。

以結果而言，如此便能做出各種行動而不感到疲憊。

睡眠品質提高

我們在前面曾提到睡眠的部分，無論是「1天必須睡7小時」也好，「12點以前不上床睡覺就無法熟睡」也罷，都只不過是既定的成見。

事先制定好睡前儀式的做法也一樣，未能這麼做的時候反而會形成壓力，或許還會導致睡眠品質下降。

大家可以回想一下，小時候有沒有在遠足的前一晚興奮到睡不著覺的經驗呢？我想那時肯定不會有從遠足當天早上就累到想睡的情況吧。

雖然工作和遠足可能不太一樣，但我想表達的是，**即使「在想睡的時候睡不著」，人類的整體表現也不會一落千丈。**

我們「只是在這種時候，做出爲了工作而不睡覺的選擇」罷了。

當然，有的時候可能會因爲晚上睡不著而在工作中犯睏。這時午休小睡15分鐘左右，頭腦應該就能清醒許多。假如各位覺得自己睡眠不足，還請一定要試試看「速讀腦特訓」。這項特訓會使大腦整體血液循環變得更好，因此可以趕走大部分的睡意。

呈現穩定精神狀態

不曉得大家是否都是在身心健康的狀態下度過每一天呢？也許有些人會因

爲工作的煩惱或私領域的問題而備感壓力。

舉個例子，既然會有「正面思考」這種說法，就代表在此之前已經有了「負面思考」的概念。

大腦原本並無「正面」與「負面」的概念，也不會有「肯定」及「否定」的評斷。

比方說，若有人告訴你「請想像一輛紅色跑車」，你腦海中就會浮現「紅色跑車」的畫面。就算這次告訴你「請不要想像紅色跑車」，你腦中應該也還是會浮現「紅色跑車」的模樣。

此外，當我們想起過去的失敗，後悔當時應該多做點什麼時，由於我們的大腦極爲優秀，便會接二連三地串聯並回憶自己過去經歷的種種「後悔」。

大腦不會去判斷「正面」或「肯定」、「負面」或「否定」，它只是將我們的想法原封不動地反應出來而已。

因此，我認爲**轉變想法**很重要。

例如，當我們跌倒磨破了褲子，通常會不由自主地想：「糟糕！」或者「我應該更小心才對！」但若我們在此試著改變一下看法——「好耶，我才正想要買件新褲子」。

怎麼樣？心情是不是變得比較輕鬆了？

在商業場合也一樣，例如被主管責罵的當下，也可以改換一下想法。

當工作犯錯被主管指責時，比起去想「惹主管生氣了，眞討厭」，把情況詮釋成「他是擔心我又失敗，所以提醒我要小心」，會讓人的心情相對較好。

我之所以能像這樣轉換看法，也是多虧了「速讀腦特訓」。

當我說起自己以前是滿腦子負面思考卻不採取行動的人，總是想著：「事情如果不順利時如何是好？」常常會有人對此感到驚訝。

然而，在我因「速讀腦特訓」而提升頭腦資訊處理速度後，開始覺得**與其顧慮重重，還不如盡快起身行動**，於是就不再拖拖拉拉地自尋煩惱了。

行爲上的變化讓我更加游刃有餘，且愈來愈有自信，大腦也呈現更自在愉悅的狀態。

持續練習這項特訓的人，將會因爲腦力進化而實際體會到這些改變。

有一次，一位接受精神科藥物治療卻仍無法重返職場的人來參加我的培訓課程。

那次的培訓並非針對心理健康需求進行規劃，而是以普羅大眾爲對象。當時也沒有爲那位參加者制定特殊的練習項目，而是一如既往地提供全體參加者皆適用的課程。

儘管如此，那名參加者仍舊透過我的課程察覺自身的變化，藉由持續不輟的練習讓精神狀態穩定下來。

後來，他也想讓自己的家人來體驗看看，於是全家人都在參與培訓課程後有所改變。

這位參加者並非特例。生而爲人，本來就有這樣的潛力。只要提升腦力，就會促發這樣的心理變化。

迎來天賜良機

改變人生的機會有很多種，不過正如前文所述，**當我們接收到的資訊有所轉變，在遇到人生的關鍵場面時，就能做出最適合自己的取捨與選擇**。其結果便是**迎來更多更多的機會**。

「速讀腦特訓」也能促使整個組織發生變化。

這是我爲某間公司全體員工舉辦講座時所發生的事——有一名員工的態度在講座開辦前後明顯改變了。

當時的講座結束後，公司安排所有成員一起去聚餐，但很可惜地，那名員工並未現身。我詢問其他人：「那名員工不來聚餐嗎？」得到的回答是：「我們以前曾邀約他聚餐好幾次，但他都不願意出席，所以這次就沒問他了。」「沒關係，就再問問看吧！」於是在我的鼓勵下，該名員工的同事聯絡到他，而他也馬上回覆要來參加聚餐。

這樣的回覆實在太少見了，因而在場所有人都很驚訝。不過以此爲契機，員工們的關係更加和睦，公司整體的凝聚力也有所提高。

在那之後，這間公司的業績蒸蒸日上。不僅該名員工出現巨大變化，所有員工也都變得能夠自信地展開行動，更富有挑戰精神，工作成果也一一浮現。

另外，有員工提到，開始做「速讀腦特訓」後，產生了與以往完全不同的新思路；亦有人表示，自己所需要的資訊都自動地湧現，很不可思議。

綜上所述，只要腦力的提升蔓延到整個組織，機會就會不斷擴增出去。

我自己也曾有過一些偶然的邂逅與良機。

我曾在某個活動中認識一位職棒投手，那時我們只是簡單地寒暄幾句，半年後才又意外重逢。

當時來到廣島的我，正在前往原爆圓頂館的途中，走著走著，那名投手先發現了我，並向我打招呼。

這次的再度相遇成了契機，使我開始擔任那位投手的個人指導教練。

從他開始做「速讀腦特訓」的那一年開始，我眼看著他的狀態迅速好轉，贏得隊伍史上最多次的勝利、單月MVP球員，而且時隔3年再次參加全明星賽等等，表現十分活躍。

因爲這些偶然的相遇與重逢，我時常有機會負責「速讀腦特訓」的課程，協助選手與企業員工提高成績、達成目標，我也爲此感到相當幸福。

順帶一提，有時**人的外觀也會因此產生變化**。

比方說，來參加講座的聽講者之中有人長高了——並非眞的長高，而是他的姿勢有所改善。那位參加者原本有點駝背，視線也經常往下看，但在改變思考方式後，因爲內在有了自信，背部就自然而然地挺直了，整個人的氣質也變得更好，聽說周圍的人對他的評價都因而提高。

雖然他的實際身高應該沒有增長，但從彎腰駝背變成抬頭挺胸後，就給人長高了的錯覺。

如上所述，伴隨腦力進化而產生的各種轉變，都會爲我們創造出吸引機會接連降臨的良好循環。

本章重點

「速讀腦特訓」的效果是改善工作效率，為人帶來機會與健康，簡直獲益良多！

CHAPTER

4

掌握「速讀腦特訓」的基礎

使用書本訓練的原因

「速讀腦特訓」以雙眼傳遞大量資訊，在大腦升級後便能自然進入「快速閱讀的狀態」，藉此**「使人腦的運轉可視化」**。

雖說這邊使用「人腦的運轉」一詞，但世上應該從未有人看過自己大腦的運轉吧。因此，我們就測量自己能讀到多少文句，以此爲基準換算自己當下的頭腦轉速。經由訓練讓自己得以讀得比以往還快，這就是大腦升級的證據，即思維速度加快。也就是說，我提倡的並不是「速讀」這種單純的技術與技巧，而是「速讀腦特訓」。

也有人是以「希望書讀得更快一點」爲目的來參加我舉辦的講座，不過我本身並未將「花幾分鐘讀完一本書」或「記住讀過書籍的所有內容」視為目標。最終將**升級大腦以「提升資訊處理能力」、「獲得自己想要的結果，讓人生更加豐富多彩」**的特訓，才是吳式訓練法「速讀腦特訓」的本質。

仔細上緊大腦發條！5 分鐘就能做的基礎訓練法

接下來，我會實際說明「速讀腦特訓」的步驟。這是 5 分鐘左右就能做完的超簡單訓練，所以不要想得太困難，請以輕鬆的心情嘗試。

做「速讀腦特訓」前應該知道的事

聽到「特訓」一詞，也許會忍不住覺得「必須努力才行」。

但這項特訓的核心就是**無論如何別去努力，而是樂在其中**。如果爲了要努力而用力過度，頭腦的運轉與處理速度也會變得遲鈍笨重。

這麼一來，訓練效果將會減半。請記住，放鬆緊繃的肩膀來做這項特訓，切勿鑽牛角尖。

什麼是「快速閱讀書籍的狀態」？

雖然經常有人會誤解，不過「速讀腦特訓」的效果並非提升讀書速度，而是**打造自然而然地快速閱讀的狀態**。

人在有意識地想取得成效的時機點，就已是處在勉強自己的狀態。相對於此，我們的目標是，即使自己打算照常閱讀，但客觀來看卻讀得很快的狀態。

如果心裡想著要取得成果而感到焦慮，這份焦慮就會干擾大腦進行效能升級。別將訓練想得太難，這不過是在工作暫且告一段落時做做頭腦體操罷了，用這種態度輕鬆地嘗試看看吧。

不需著急，只要持續進行訓練，閱讀速度自然就會變快。

因爲這些訓練非常簡單，或許有人會抱持著「這樣做眞的就夠了嗎？」的疑惑。

然而，即使自己尚未察覺，大腦也將兢兢業業地升級版本，在人還沒意識到時高速運作。

這個特訓就是爲了讓人在自身並未留意之下，也能維持速讀狀態所設計的。

持續訓練將爲生活帶來各種各樣的變化，還請在享受這一過程的同時堅持下去。

「速讀腦特訓」必備物品

以下我們將介紹訓練時所需使用的物品。

需事先準備的只有三項物品——書（輕小說等）、計時器、讀書速度紀錄表。稍後也會解釋這些工具分別用於什麼目的，還請逐一確認並著手準備。

●輕小說等容易閱讀的書

需要準備輕小說這種簡單好讀的書以測量閱讀速度，同時這本書也會用於實際訓練。我不建議選擇必須反覆閱讀才能理解內容的書籍，像是專業用書或修辭表現較複雜的書。

這種書即使能夠訓練到快速閱讀的狀態，也很難達到當下就讀懂其內容的程度。我們要把這個階段視為前期的準備，第一步便是提升閱讀文章的速度。

●碼表或手機的時鐘APP

這項物品將在測量讀書速度等狀況下使用。雖說若有一起訓練的同伴就可以互相幫忙計時，但自己一個人也想隨手進行特訓時，就很適合使用碼表。

還有，獨自測量時，如果有計時6秒到點通知的功能會更方便。

這種功能將用於在訓練中測量自己可於6秒內讀多少字句。

一邊閱讀文章，一邊確認時間經過6秒並按停碼表是一件困難的事，所以若想更精準地測量，即可考慮使用這種功能。

如果手邊沒有碼表，也能使用廚房計時器或手機裡的時鐘APP代替。

●讀書速度紀錄表

這份表格是用以記錄訓練前後的讀書速度。本書第106頁有收錄紀錄表範本，但亦可自行製作。

表格的必要欄位是前述的讀書速度，及後續將介紹的眼部訓練次數。此外，也可以先規劃出填寫日期的欄位。一旦持之以恆地訓練，讀書速度也會逐漸加快，因此若能把它當作每天的紀錄留存下來，就可以注意到自身的變化。

在訓練的初始階段，會因爲差異極小而無法實際感受到成效，不過試著繼續做一星期、一個月以後，再將後期與最初的紀錄相互比較，相信各位就能發現兩者之間明顯的差距。

關鍵在於，藉由觀察數值來確認自己的成長。舉例來說，有一種名爲「筆記瘦身法」的減重法，就是記錄並確認飲食內容、體重，藉此重新審視自己的生活習慣。

回顧自己的讀書速度紀錄，如果可以切實感受到其中的變化，那麼也就更能帶來持續進行「速讀腦特訓」的動力。

這份紀錄表不必太講究，要記錄的內容也不用太多，一份著重易讀性的簡單表格就夠了。

讀書速度記錄表

特訓第　　　　　次　　　　　　　年　　　月　　　日

眼部訓練

眼外肌訓練　・左右 ☐

　　　　　　・上下 ☐

睫狀肌訓練　・右手在前 ☐

　　　　　　・左手在前 ☐

讀書速度的變化

特訓前　　　　　　字／分鐘

特訓後　　　　　　字／分鐘

特訓第　　　　　次　　　　　　　年　　　月　　　日

眼部訓練

眼外肌訓練　・左右 ☐

　　　　　　・上下 ☐

睫狀肌訓練　・右手在前 ☐

　　　　　　・左手在前 ☐

讀書速度的變化

特訓前　　　　　　字／分鐘

特訓後　　　　　　字／分鐘

「速讀腦特訓」流程

LESSON 1~5

首先，簡單介紹一下「速讀腦特訓」的訓練流程。這套特訓一共有5個階段，只要習慣了訓練內容，每個階段大概都是花費幾十秒就能做完。

整個訓練會在總計5分鐘內完成，因此能夠利用零碎的空閒時間進行。在此會先說明全部的流程，而後再進一步詳細解說。

1 測量當下的讀書速度

在開始做「速讀腦特訓」之前測量當下的讀書速度。這是很重要的測量步驟，不僅可以確認現在的自己讀得進多少文字，還能在最後比較訓練前後的變化程度，甚至可用來檢視特訓的成效。

2 眼部訓練

接著是眼睛部位的訓練。「速讀腦特訓」會透過迅速閱讀文章來提升腦力。這時，重點在於用來閱讀文章的眼睛狀態。做好眼部訓練的準備，將有益於增進「速讀腦特訓」的效果。

3 快速瀏覽訓練

這是用無須理解內容的速度「快速瀏覽」的訓練。「閱讀」指的是將文章內容讀進腦中加以理解，而「瀏覽」就只是單純看過而已。後續會在訓練中說明相關細節。

4 拓寬視野訓練

從眼睛傳遞至大腦的資訊會隨著視野擴大而增多，使大腦變得更活絡。

5 再次測量讀書速度

做完一回特訓後，再次測量讀書速度。請檢視這次的數值與第一次測量時的變化程度。

打造「思維敏捷的狀態」

接下來將按照順序介紹「速讀腦特訓」的實際內容。就如同開頭提到的，每次特訓需要 5 分鐘左右的時間。這套訓練很簡單就能辦到，所以還請務必實踐看看。

LESSON 1

測量當下的讀書速度

首先是測量讀書速度。尤其是初次測量的讀書速度，這將成爲了解「速讀腦特訓」成效的第一個基準。隨著特訓的持續進行，請確實記錄這項數值，其中的變化是日後實際體會訓練效果的重要依據。

另外，可以的話，請先計算手邊準備的書籍每頁有幾行，一行有幾個字。這樣在進行稍後將予以解說的讀書速度測量時會更加順利。

讀書速度是以1分鐘讀多少字來衡量。不過1分鐘的計時意外地漫長，計算字數也很辛苦，因此這裡測量的是6秒的讀書速度，將測量出來的字數乘以10倍就能視爲1分鐘的讀書速度。

「讀書速度測量」的步驟

① 運用準備好的碼表等工具，設定6秒時間的到時通知。

② 在手握碼表的狀態下打開預備的書籍。

③ 在啓動計時的同時開始讀書。請默讀文章，而非出聲朗讀。

這裡必須注意的是，不要勉強自己快速閱讀；相反地，也不要刻意放慢速度仔細精讀。正如本章開頭所言，不可以「努力讀」。

「速讀腦特訓」終歸是「一種提高自身腦力的訓練」。我們沒有要跟誰競爭比快，所以就依循自己平常的步調進行吧。要輕鬆地做，別勉強自己，還請將這一點銘記在心。

經過6秒後在測量完結的文字上做記號，並計算字數。就像前面提到的，只要事先掌握好1行的字數，應該就能即刻算出總字數。

將得到的數字乘以10，便是目前1分鐘的讀書速度。然後在事先備妥的讀書速度紀錄表上做紀錄，這就是當前的讀書速度。

注意事項

在計劃做「速讀腦特訓」之前，眼睛患病（視網膜剝離、青光眼、白內障等）或有光敏感症狀的人，還請先向醫生確認後續的訓練是否會造成眼部不適。

LESSON 2

眼部訓練

接下來是眼部訓練。

在日常生活中，「看」這個動作並不只有活動到眼睛。向上看時，整個頭部連同脖子都會往上；看旁邊時，頭部也會自然而然地傾斜。

而當我們僅用雙眼來看時，會刻意地只讓眼睛轉動，因此平常幾乎鮮少會使用到驅動眼球的肌肉——眼外肌。

眼睛就像是相機的鏡頭。鏡頭狀態欠佳，就無法拍出好的照片。同樣地，眼睛的狀況不好，單憑這一點便能使瀏覽文章的能力下降。請想像一下相機鏡頭的維護，並像那樣爲眼部進行訓練來調整眼睛的狀況。眼睛狀態佳，不僅更容易吸收文章內容，大腦的效能也會提高。爲了將「速讀腦特訓」的效果發揮得更淋漓盡致，還請試著將這項訓練融入日常之中。

■眼外肌訓練

大幅度地活動眼外肌可促進血液循環，強化其機能。初步的眼外肌訓練是左右上下地活動眼睛的訓練。就讓我們即刻展開眼外肌的左右運動吧。

「左右眼外肌訓練」的步驟

① 利用碼表等工具，設定6秒時間的到時通知。

② 豎起左右手的食指，將其放在臉的左右兩側。

③ 食指不要離臉部太遠，並將其擺在與視線高度差不多的位置。

④ 讓碼表開始計時，頭部和臉面向正前方不動，只有眼睛看向豎在視線高度的兩支食指，快速地左右來回移動。

這套訓練也和測量讀書速度一樣共做6秒。從右到左、從左到右的單程運動計為1次，計算自己總共能做幾次，並登記在紀錄表上。

畢竟是訓練，所以次數的計算只是一個參考。反覆多做幾次，動作應該會稍微更流暢一點。

至於為什麼設定6秒的時間？這是因為用時較長會導致眼睛疲累，也會大幅影響文章的瀏覽。特別是在還沒有習慣之前就強行增加次數，將對眼睛造成很大的負擔。

這套訓練也能夠不以時間來測量，而是以次數計算。此時眼睛的左右移動次數為12到14次，也就是來回移動6至7次。

容我再重申一遍，請在放鬆的狀態下進行，不要勉強自己。倘若在訓練途中感覺到眼睛有些疲勞，請立刻中斷訓練，好好休息。

「上下眼外肌訓練」的步驟

① 利用碼表等工具，設定6秒時間的到時通知。

② 分別將左右手的食指橫放，一隻手放在比額頭稍高之處，另一隻手則放在略低於下巴的位置。

③ 與左右移動眼外肌的訓練相同，用碼表開始計時，唯獨眼睛看向兩手的食指，快速地上下來回移動。

這套訓練一共也是進行6秒，從上到下、從下到上分別計爲1次，算好移動的次數後塡入紀錄表中。

另外，也可使用次數來計算，就如同左右移動的訓練。總次數同樣是12到14次，來回6至7次。

在做左右、上下的眼外肌訓練時，有戴隱形眼鏡的人最好不要動得太激烈，等到恢復裸眼時再大幅度移動即可。

■睫狀肌訓練

接著是睫狀肌的訓練。所謂的睫狀肌，簡而言之就是調節眼睛焦距時所使用的肌肉。

「睫狀肌訓練」的步驟

① 使用準備好的碼表等工具，設定6秒時間的到時通知。

② 豎起右手食指，放在與視線高度齊平的位置，距離臉部約10到15公分。

③ 接著把左手的食指豎起來，放在右手位置再往前20公分（距離臉部約30公分）之處。

④ 讓碼表開始計時，並依次來回看向右手食指與左手食指，從遠到近，再從近到遠，輪流對焦。

⑤ 接著交換右手與左手的位置，左手比較近，右手比較遠，再重新做一次步驟1到3。

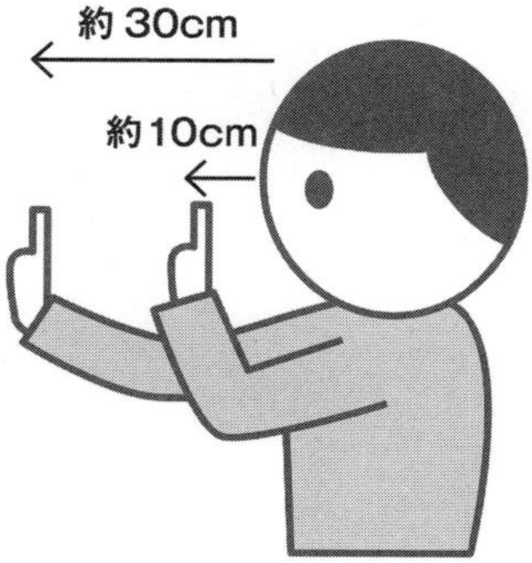

同樣地，以６秒爲限，焦距從遠到近、從近到遠各自計爲１次，並塡入紀錄表中。

每個人的慣用眼不同，所以眼睛對焦的容易度在交換手指位置前後會有些許的差異，在做過一次之後應該就會明白這一點。但只要持續訓練，兩邊的對焦都可以變得很迅速，請別著急，要有耐心地堅持下去。

做完眼外肌訓練與睫狀肌訓練後，眼部訓練就結束了。

再強調一次，剛開始的時候可能會覺得這樣活動起來不太習慣，所以請不要過於勉強自己，先從一天一到兩組的訓練開始嘗試即可。活動雙眼，並在感覺還不錯的時候結束訓練吧。

有戴隱形眼鏡的人在這種時候也請注意，切勿劇烈移動到隱形眼鏡位移的程度，或者應待恢復裸眼時再大幅移動。

LESSON 3

快速瀏覽訓練

到目前爲止，我們已經確認過自己的讀書速度，也做完眼部訓練，這樣就算完成了正式的「速讀腦特訓」的準備工作。

大腦會爲了處理大量資訊而自行升級。因而下面我們會先進行迅速瀏覽文章的訓練，用以作爲大量讀取文章的初步培訓。

正如本章開頭所談到的，「速讀腦特訓」並非有意識地快速閱讀，而是要建立一種無意間快速閱讀的狀態。

因此，第一項要做的訓練就是以無法理解文章的速度不顧一切地閱讀。

反覆進行這項訓練，大腦吸收文章的速度就會逐步加快。

結果就是，明明自己感覺是一如往常地在閱讀，但讀書的速度卻變得很快。

「快速瀏覽訓練」的步驟

①使用準備好的碼表等工具，設定6秒時間的到時通知。

②把手放在開始計時鍵上，並翻開預備的書籍。

③讓碼表開始計時，同時專心地快速瀏覽文章，但不需辨識內容。

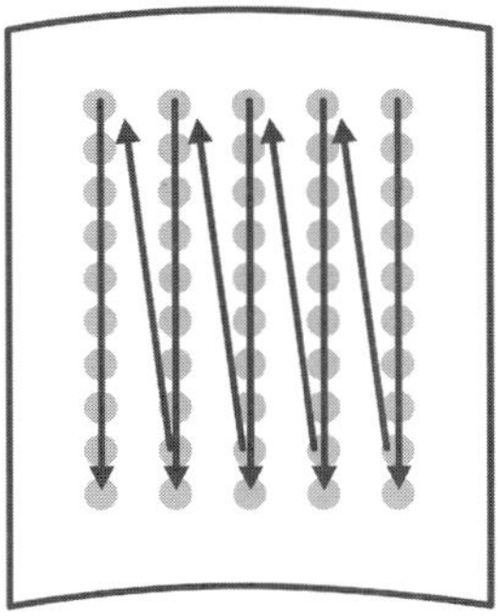

正如前述，要用快到讀不進內容的速度，單純高速地「看」。不去思考句子的意義，只管從每一行的開頭往下順著文字看下去。

重點在於，以快到來不及理解文章內容的速度，有韻律且迅速地，像畫線一樣移動目光。

無論如何都只要用無法理解字句的速度來瀏覽。也就是說，雖然閱讀時很容易不小心去思考句子的意義，但在此建議先暫時放空腦袋，純粹把書中的行文當成文字羅列來看待。

查看 6 秒內瀏覽到的段落，以第一次測量時的 3 倍字數爲目標，重新再做一次訓練。中間間隔20秒左右的休息時間，再準備展開第二次的訓練。

第三次也一樣，移動視線，讓自己看得更快。也別忘了要在開始訓練前稍事歇息。

在還未習慣時，這套訓練會讓眼睛很疲勞，所以覺得累了的話可以休息一下，就算訓練到一半中斷也不要緊。

3 倍字數的目標也是，做不到也沒什麼關係，只要腦中有「要看過那麼多字數」的想法就夠了。

起初可能會覺得相當困難，但只要反覆以超越極限的速度去瀏覽文章，大腦的運轉就會漸漸愈來愈快。

由於這項訓練就只是在瀏覽文章，乍看之下或許會不太了解它有什麼成效，不過透過反覆訓練來增加入眼的資訊後，應該就能實際感覺到自己的思維變得更加迅捷了。

LESSON 4
拓寬視野訓練

人只要有閱讀文章的打算，視野自然就會變窄。忍不住一個勁兒聚焦在一行句子或單一個字上，導致一眼納入的文字量有所減少。

現在請試著回想自己至今爲止的讀書方式。雖然你此刻看著的這一行文字的前後行都進入了你的視線範圍，但你是不是沒有意識到它們呢？

因此接下來，我想進行擴大視野的訓練。

「拓寬視野訓練」的步驟

① 把手張開，放在臉龐靠前的位置。

② 一點一點地將雙手往後拉，直到眼睛餘光勉強看得見手的位置再停下來。兩手握拳再張開，這樣會更容易確認這個勉強看得見手的位置在哪裡。

③ 再繼續1公分、1公分地把手往後拉，直到完全看不見。

④ 儘管處於看不見手的狀態，但是請想著拓寬視野這件事，並感知手的位置。

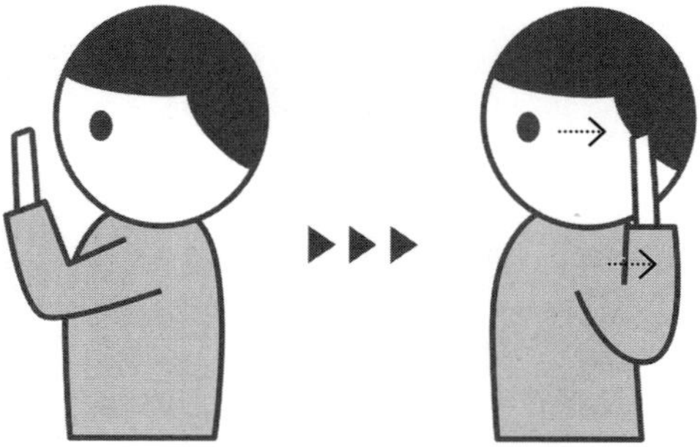

僅僅是有意識地去看自己看不到的範圍，視野就會變得更寬闊。

在做完這個訓練的當下，應該會比剛剛更能看清楚正側邊或勉強進入視線範圍內的東西。

這樣的視野寬度，我想在各種不同的場合皆能實際感受到其效果。

首先，視野驟然開闊起來，進入眼睛的光線量改變了，可視範圍將變得更加清晰。然後，視野更寬廣代表更容易掌握周圍的情報，也更能關注與支援身邊的人，還能察覺到危險的存在。據說，在開車之類的場合也會感覺到視野變寬，能更輕鬆駕駛。

此外，視野也對思維方式有很大的影響。能夠具備全球思維的人會被形容成「眼界很廣」，而藉由這項訓練，眼界將如字面般變得更寬闊，從而更正面地影響一個人對事物的看法。

■用「快速瀏覽訓練」實際體驗視野的擴大

在做完拓寬視野訓練後，請再試著做一次先前的快速瀏覽訓練。流程和之前一樣，在6秒內重複做3次。此次要瀏覽的書頁也請刻意選擇與之前相同的頁面。

記得要有韻律地去瀏覽，以舒服自在的心情做訓練。跟視野拓寬前比較看看，速度應當會有所提高。

依據每個人的體感不同，雖然同樣是6秒，但也可能會有人覺得這段時間很漫長。如果各位有這樣的感覺，這就是你腦力進化的證據。若是感覺不到什麼變化也別在意，稍微休息一下，等到進入放鬆狀態後再挑戰一次吧。

此外，自己感覺到讀書速度有改變的人，也請暫且在這邊稍事歇息。在還不習慣的時候，與其一口氣把所有訓練做好做滿，還不如用悠閒的心態慢慢地持續進行。

請在訓練過程中適時休息，不要勉強自己。

LESSON 5 再次測量讀書速度

最後，再重新測量一次讀書速度。透過前面的訓練，大腦已經獲得相當顯著的升級，閱讀文章的速度應該也會比之前更快了。但是，萬萬不可一心想著要做出成果來，這樣就會用力過度。

就算是爲了感覺大腦自然而然更新、思維變快的狀態也好，請繼續放鬆心情，用和剛開始一樣的感覺來閱讀。

重新測量同樣要做6秒，不過這次要進行3次。請計算每一次測量的閱讀字數，並將3次測量結果中字數最多的紀錄乘以10，再寫到紀錄表上的「特訓後」欄位。

如此，就完成了一輪的「速讀腦特訓」。

比對特訓前與特訓後的數值，如果讀書速度有所提高，那就是「速讀腦特訓」效果的體現。

另外，即使在數值的部分沒有顯現出差異，但體感上應該也會出現一些變化，比如感覺時間過得比較慢，或是文章讀起來比較順暢等等。即使自己沒什麼感覺，大腦也會藉由快速瀏覽而全速運轉，以便升級版本。

在感覺到自己閱讀速度變快的人之中，說不定也會有人覺得是自己進行「速讀腦特訓」而重複讀了好幾次，所以速度才比較快。

要是對此感到很在意，也可以試著選擇內容程度相當的新書（難度較高的話，讀書速度就會變慢）來測量。這樣應該就能確認自己閱讀的數值是不是比做「速讀腦特訓」之前更高了。

透過習慣的建立，讓大腦漸漸升級

持續做「速讀腦特訓」後，自己的思考方式與對世界的看法皆會出現變化。腦力有所轉變，理解與應對事物的方法也都會跟著改變。

作爲自身變化的指南針，我們將體驗到讀書速度的不同。但每個人的經驗各異，有些人可能在剛開始時會無法擺脫迄今以來的閱讀感，而難以提升讀書速度。不過**只要做一次「速讀腦特訓」就好，這本身就已經是「明白有新的感覺存在」的巨大成長了**。

反覆練習，不需著急，如此便能確實掌握這份感受。最初也許會半信半疑，但大腦在習慣之後就會慢慢進入時常更新版本的狀態。在堅持不懈的過程中，會經歷一個突破限制的瞬間，所以第一步就是要孜孜不倦地持續下去。

據說日本人平均1分鐘的讀書速度是600到800字，那麼，若要閱讀200頁的書，就需要3個小時才能讀完。

不過如果讀得比這個數據慢，也沒有必要太介意。只要現在開始做「速讀腦特訓」，就能漸漸提升速度。而且原本的速度低於平均值的話，就會感覺變化的幅度更大。這應當也能成爲堅持進行「速讀腦特訓」的動力。首先，就把這個數字當成自己現在的基準值，以輕鬆的心情看待吧。

就算沒辦法每天做「速讀腦特訓」也無妨，三天一次或一週一次都沒問題。抱持「能做的時候就做」的心態，若能堅持半年、一年，就會更容易養成習慣。即使有一段時間沒做也沒關係。在想到的時候重新開始，會比去煩惱「持續不了」、「沒做到」來得好。

正如我多次強調的那樣，進行這套特訓，悠閒輕鬆的態度很重要。我認爲，只要稍微體驗過頭腦迅速運轉的狀態，就能馬上回想起這種感覺。總之，請不要逞強，以愉快的心情訓練，這也是爲了能堅持不輟。

5分鐘太長了！那就做需時超短的「10秒速讀腦特訓」

目前爲止我們闡述了「速讀腦特訓」的相關內容，不曉得各位實際試著做一遍後，是否能在5分鐘內做完整套訓練呢？

等到更熟練以後，還能夠妥善利用10秒鐘的零碎時間，做需時超短的思維加速訓練來增加工作效率。

做法非常簡單，**就是只做10秒鐘快速瀏覽文章的訓練**。

下一章將再詳細說明哪些情況可以做這項訓練，至於本章介紹的這套5分鐘基礎「速讀腦特訓」，如果每天只做一次都能多次感受到自己大腦的轉速變快，那麼之後只做10秒特訓也沒問題。

先前說過「速讀腦特訓」不是每天做也沒關係，不過，在無法做完5分鐘特訓的情況下，如果改做這套10秒特訓就能在極短的時間內完成，從而有助於維持訓練的動力。我想這樣會比較容易養成習慣，還請大家務必嘗試。

本章重點

建議盡量在一天的開始做一套基礎特訓。
習慣以後，也可以只做「10秒速讀腦特訓」。

CHAPTER

5

為大腦「充電10秒」，加速工作進度！

利用零星空檔飛快提升效率！

在透過CHAPTER 4學到了「速讀腦特訓」的基礎後，這一章將說明可在家裡或辦公室等不同場合進行的10秒訓練法。

另外，我也希望能讓各位了解在日常生活中做「速讀腦特訓」的要點與訣竅。當然，無法完全照做也沒有關係。請把這些當作是可於日常應用的基本步驟，輕鬆隨意地嘗試就好。

一旦掌握了基礎，就不需要遵循任何規則。例如，一天必須做幾次特訓或是一定要做幾分鐘才會有效，這樣的規則並不存在。

在工作上的重要場合、感覺疲累的時候和想增加工作效率的時候，都來試試看「10秒速讀腦特訓」吧。

花「10秒鐘」重新上緊腦中發條

在此，請大家想像自己的腦袋上設置了一個發條。

假設我們早上起床後，會把頭上的發條旋緊。接著，來到了公司，參加早會並完成上午待辦的工作，此時應該會想要喘口氣休息一下。

這種時候就可以做一套「速讀腦特訓」，爲大腦上緊發條。如此一來，便能將稍顯遲鈍的思維恢復成原來的運轉速度。

尤其是無法在辦公室裡好好休息的人應該不在少數，有的時候甚至沒時間外出吃午餐，只能坐在辦公桌前對著電腦進食。

當各位遇到這種情況時，更是需要透過「10秒速讀腦特訓」來讓整個大腦活絡起來。

此外，愈是踏實認眞的人，就愈容易擔心「不用心去做訓練不行」，或者「不花很多時間做是不是就沒有效？」，但其實不需要有這種主觀的認定。

就在稍微有點疲累的階段，以轉換心情的隨意態度嘗試一下吧。

「截止日設定」+「速讀腦特訓」讓速度再加倍

在這裡先問大家一個問題。下列工作委託中，你覺得哪一個可以更快完成？

「請把A與B的資料整合起來，什麼時候交件都可以。」

「請把A與B的資料整合起來，下週一以前交件。」

儘管工作量一模一樣，但只要有設定「截止日期」，人們就會優先處理這件工作。

相反地，若是「什麼時候交件都可以」，沒有設定期限的話，就會不由自主地一再拖延。

綜上所述，**在設定以「某一天」為截止期限的這個瞬間，人們便會開始根據截止日期往回推算時間，以此規劃工作進度。**

只要設定期限，大腦的效能就會有所上升。要想提高工作ＴＰ值，就來設定截止日期吧。這樣比較容易制定優先順序，還能更有效率地工作。

此時再加上「速讀腦特訓」的助力，使大腦整體的效能提升，更進一步地加快工作速度。

我曾協助過的企業老闆和員工之中，大部分的人都表示，現在會詳細地爲工作設定截止日期，並搭配工作空檔進行「速讀腦特訓」，使自己更敏捷迅速地處理工作。

「速讀腦特訓」的運用就是像這樣，在被時間追著跑的時候還能夠發揮順水行舟的推進作用。

在工作間隙裡插入訓練，可以使容易因截稿日壓力而踩煞車的大腦運轉得更加快速。

爲工作設定期限，並且利用空檔做訓練，這會讓大腦整體都活躍起來，把效率變得更好，因此也能更接近目標的達成。

而且我們的視野還會因訓練變得更加寬廣，靈感也更爲明晰，可臨機應變地選出當下的最佳方案。

設定截止日，並在期限之內做出最好的選擇，這對於不想浪費時間的人來說極爲重要。

「截止日設定」加上「速讀腦特訓」就是最強組合，想必各位現在應該也能明白個中原因了吧。

重視時效比的商務人士們還請一定要實踐看看。

當你想著「做得到」，大腦也會這麼認為

要讓「10秒速讀腦特訓」有更上一層樓的效果，可以在腦海裡描繪美好的畫面。原因在於，**人腦很容易受到暗示的影響，而且還有「無法區分現實與想像」的特性**。

舉個例子，假如告訴你「請想像眼前有一顆很酸的檸檬，而你正在吃這顆檸檬」，儘管你並沒有眞的將檸檬放入口中，但是不是嘴裡卻分泌出口水了呢？

對大腦來說，「想像出來的畫面」與「五感的實際體驗」就如上述般並無區別，將其作爲資訊來處理的流程是相同的。只要活用大腦的這項特性，在腦

中想像正向的畫面，如此一來，實際表現也會同樣趨向良好狀態。

相反地，心中若是想著「做不到」、「沒辦法」，處理事情的態度也會因此改變。在工作空檔做「速讀腦特訓」時也一樣，如果抱持著「我工作那麼忙，哪有時間做」、「做了也不會有什麼改變」這些負面的偏見或印象，那麼就算好不容易做了特訓，處理能力也仍舊會漸趨低落。

我之所以要將「速讀腦特訓」與「思維方式」一併傳授給大家，就是因爲我們的大腦擁有這種無論好壞都會被想像所左右的性質。因此，**在零碎時間做「10秒速讀腦特訓」時，建議可以想像自己的腦筋轉得更快、工作進展順利，或是順利完成工作任務而獲得成就感等等的畫面**。

應該要想像「工作很順利」、「目標達成了」這些正面的結果，才會對大腦有所助益，但若是這樣的做法太困難，那麼單純懷抱著「一定會很順利」的期待感也沒問題。

「10秒速讀腦特訓」隨時隨地都能做！

有些人會為自己訂定每天的例行公事，譬如「吃完早餐要做某事」、「睡前要做某事」等等，這麼做本身並無不妥。只不過像是**「不這麼做就不行」**、**「這個沒做好，之後都不會順利」的預設立場與主觀思維將限制大腦的可能性。**而這一點甚至還會影響到你的表現。

比方說，當你把「10秒速讀腦特訓」納入工作之間的空檔時，即使內心決定「要在早上開會前以及午餐結束後做特訓」，也仍舊可能會因為工作安排或突發狀況而無法按照預定的時間表進行。若無法依事前安排的時程完成，很有可能會令人感到煩躁或壓力，但是對於「10秒速讀腦特訓」，建議各位把它看作是「無論何時何地都能做，所以錯過也無所謂」的事情。

後續我將說明在不同場合做「10秒速讀腦特訓」的方法，這些都不需要準備特別的文本，也沒有地點的限制。無論是此時正在閱讀的書、手機裡的網路新聞，或者是火車內的廣告文宣都可以。

換言之，在家中、公司、咖啡廳、你所搭乘的火車或公車，甚至是在廁所裡都能夠進行特訓。

而「隨時隨地」這一點正代表著，在無暇特訓的日子只做「5秒」也無妨。不過空閒之時，還請嘗試在不會造成自己負擔的情況下，利用「1分鐘」或「3分鐘」的時間做特訓。

與其想著「不這麼做不行」，不如把「速讀腦特訓，隨時隨地都能做」當作口號——即使遇到無法特訓的日子，也不要為了沒能按計畫進行而感到焦慮。

不同情境下的「10秒速讀腦特訓」方式

接著就讓我因應不同的場合，向各位分享如何將「速讀腦特訓」融入日常生活的方法。雖說本書為了易於理解而將特訓時間設定為「10秒」，但如同前文提到的，大家亦可配合當下的情況，試著隨機應變地進行「5秒」或「1分鐘」。訓練時間以自己覺得「輕鬆愜意」的長度即可。

早上起床後

早晨是一天的開端，也是決定當天表現品質的重要時刻。
尤其對不擅長早起的人來說，或許會有一段時間都感到昏昏沉沉的。

早上起床時正是最適合進行「速讀腦特訓」的時段。因為若是在一天的開始進行訓練，就能活絡整個大腦，令人神采奕奕。

雖然這一章基本上都是介紹10秒完成的「速讀腦特訓」做法，但早起後所做的第一個訓練是「10秒」或「1分鐘」都無妨。

①早上醒來，先在被窩裡做基本的眼部訓練（請參照CHAPTER 4）。沒時間的話，就在力所能及的範圍內進行即可。

②做完基本的「眼部訓練」後，用無須理解文字內容的速度做快速瀏覽訓練。不需設限於瀏覽書本或是其他內容，不過紙本書會比電子書更能飛速獲取大量資訊。

重點提醒

● 雖然「眼部訓練」在習慣以後就不需要每天做，但是剛開始實施「速讀腦特訓」的人，在最初的那一個月內建議還是盡量每天早上都做。

●習慣之後，可以試著邊刷牙邊做，或是在為出門做準備的同時進行訓練。畢竟這麼做是在培養大腦最愛的「一心多用」能力，讓大腦在工作時更擅長多工處理。

坐火車或公車時

搭乘火車或公車的移動時間，就是最佳的特訓時間。此時不必拘泥於「10秒」，想做多久的訓練都可以自己決定。

當自己身處客滿的火車或公車裡，很難翻開書本時，只要「咻咻地瞥過車廂內懸掛的廣告」，或者「迅速掃過手機裡的新聞報導」就可以了。

在觀看車廂懸掛的廣告時，別一味盯著同一則廣告上的文字，要用眼睛迅速地掃過車內的數則廣告，這樣會更有成效。

連車內廣告都不方便看的話，也可以只用眼睛眺望火車或公車窗外看得到的招牌文字、大樓屋頂上的廣告牌圖案或文字，以此進行「10秒速讀腦特訓」。這時寧可盡量去看離火車和公車近一點的，也不要選擇遠處的廣告牌。還請多方嘗試看看。

重點提醒

●在火車或公車等交通工具上利用通勤時間做「10秒速讀腦特訓」時，重要的是如何因應當下的狀況調整，若是能用玩遊戲的感覺來進行會更好。有位置坐時就看紙本書，站著搭車就滑手機，要是能像這樣靈活應對，將有助於大腦效能的提升。

●可以事先在手機裡儲存書本的文檔，或是利用備忘錄等功能存入一些約2000字的文章，作爲自己專用的「速讀腦特訓」文本，以便在通勤時做「10秒速讀腦特訓」。

工作前

最能發揮「10秒速讀腦特訓」效用的時刻就是工作時。在工作之前，先做「10秒速讀腦特訓」吧。尤其適合在「想檢查資料內容及數值是否有誤」及「切換不同工作時」的情況下進行。

提高資訊處理能力就能減少失誤，讓自己能夠從容運用時間並高效率地推進工作。

重點提醒

●在許多工作之中，有自己擅長的，也有不擅長的領域。擅長的工作不用勉強自己就能做得很好，大腦也會很有幹勁，所以可以輕鬆流暢地做完；但在面對自己不感興趣或不擅長的工作之前，建議各位可以做一做「10秒速讀腦特訓」。由於這套特訓能活絡大腦整體，不僅僅是左腦或右腦，因此即使面對不擅長的任務也有辦法積極地處理。

會議或演講前

在重要的會議或演說前，任誰都很容易感到緊張與不安，一心想著「如果犯錯怎麼辦」或是「好在意上司與客戶的反應」。這種時候正適合做「10秒速讀腦特訓」，讓大腦能夠進入放鬆狀態。

重點提醒

- 如果是在開會或演講前，那單純快速瀏覽幾次資料就很有幫助了。緊張或壓力很大的時候，視野容易變得狹隘，於是就開始滿腦子都是負面想法，比如「要是失敗了怎麼辦」。在進行重要的工作之前，更要做「10秒速讀腦特訓」，為大腦上緊發條。不可思議的是，這樣一來情緒就會變得比較穩定，足以應對正式的會議及演講。
- 在重要演說前，最令人介意的就是預料之外的突發事件。有時是資料錯誤，有時是演講用的投影設備出了問題，不過只要我們每天堅持特訓，就能維持視野寬廣的狀態，快速地判斷當下狀況。最終，因爲得以及早從失誤中重振精神，也就更能應對突發意外了。

午餐後，睡意襲來時

吃完午餐後是人最睏倦的時段。「10秒速讀腦特訓」正好可以改善飯後的大腦狀態。它可以使大腦整體活躍起來，藉此加快思維速度，讓工作變得更加順利。

重點提醒

●當人在辦公室，且午休後有重要會議時，可以在吃午餐的前後加入「10秒速讀腦特訓」，以預防飯後的睡意侵襲。

●現在遠距工作愈來愈多，我想應該也有人是在家裡工作。如果吃完午餐後老是愛睏，可以小睡15分鐘左右再做「10秒速讀腦特訓」，這樣腦袋就會變得精神抖擻。一起將「午睡」與「速讀腦特訓」完美地結合起來，控制午餐後的睡意吧。

想從例行事務中振奮起來時

根據職業的不同，有些工作會經常忙於例行性的日常事務。就算是自己早已駕輕就熟的工作，有時也會爲它的單調乏味而膩煩，內心渴望能夠振奮精神。長時間處在相同的節奏下，大腦會因爲缺乏刺激而導致處理能力下降。

這時我們可以巧妙地藉此重振精神，使自己的心態煥然一新後再來處理工作。如果能做不同的工作，或是在休息時間離開公司出去散步一下會更好，但在很難做到這一點的職場中，請務必運用「10秒速讀腦特訓」，再度上緊大腦發條，重獲活力。

重點提醒

●可以的話，建議離開自己的辦公桌，到休息區或咖啡吧台區等處進行「10秒速讀腦特訓」。這樣不但能夠轉換心情，而且成效較佳。

●如果能在去洗手間上廁所、到茶水間泡茶等時機點加入「10秒速讀腦特訓」，那麼不僅大腦，全身上下的血液循環都會變得更好，精神也會爲之一振。這麼做會打破枯燥乏味的心緒，還能增加動力，請務必嘗試。

當作享受下班前私人時間的準備

大腦不會區分上班時間與休息時間，無法只將工作的時間視爲上班時間，也沒辦法判定私人時間是休息時間。假如想讓工作以外的時間也過得很充實，那對大腦來說，不管哪一種時間都是「上班時間」。

因此，做完工作之後，在下班前先做簡單的「10秒速讀腦特訓」，既能轉換心情，也可以使私人時間過得更加豐富而多采。

重點提醒

●將下班後的時間用於自身興趣或學習的人，請務必在工作做完後進行「10秒速讀腦特訓」。這會使你的血液循環變得更好，也會讓原本因工作而疲憊的大腦恢復精神，同時使頭腦狀態的切換變快，產生享受個人時間的餘裕。

●對於總是想著工作而無法順利切換公私領域的人，就算是爲了不要把工作的疲勞帶入私生活中也好，建議做一做「10秒速讀腦特訓」，巧妙地與工作劃清界限。

睡前做，提升睡眠品質

要想擁有高品質的睡眠，強烈建議在睡前做「10秒速讀腦特訓」。大腦活絡起來以後，就能把狀態調整好，讓自己得以沉睡夢鄉。

重點提醒

●別太拘泥於睡眠的時長。比起「時長」，睡眠的「品質」更加重要。關鍵是起床時是否感覺神清氣爽。很多人在養成「速讀腦特訓」的習慣後，入睡和起床都變得容易許多。

對傷後恢復與健康管理也大有幫助

到目前爲止，已向大家說明了能活用於日常生活的「10秒速讀腦特訓」。

在本章的結尾，我想談一談比較例外的情況，像是「速讀腦特訓」具有促進傷後的恢復，提高免疫力而有益身體健康的效果。

一旦大腦性能提高且血液循環變好，全身的血液循環自然也會獲得改善。

大腦是全身機能的司令塔，與身體的所有功能都關係重大。關於這方面，我曾經諮詢奈良學園大學復健系主任辻下守弘教授，他表示：

「腦部的機能因速讀腦特訓而提高後，全身的細胞都會更加活躍，因此可認定傷口將會癒合得更快。

另外，當按摩和泡澡都難以消解疲勞時，代表頭腦的疲勞尚未被消除。正常來說，大腦的疲勞沒有被緩解，全身的疲憊感就不會消失，人也無法放鬆下來。」

無論再怎麼休息，身體依然沉重，或是感覺身體不太舒爽的人，可以先嘗試用「速讀腦特訓」來加快大腦運轉速度，調整腦部的機能。

就算拼命地保養身體，健康狀況也不會獲得改善。想讓傷口更快癒合時，也建議可以提升大腦效能，活化細胞。**真正意義上的「狀態良好」，是指頭腦運轉得快，身體也很輕盈的狀態。**

經常有正在實行「速讀腦特訓」的人告訴我，他們現在不太容易感冒，即使感冒了也能很快恢復。身體狀態欠佳的時候，還請一定要積極嘗試將這套特訓融入生活之中。

本章重點

隨著時間的流逝，大腦的運轉也會變得遲緩。

在一天之中頻繁加入「10秒速讀腦特訓」，一起維持高水準的表現吧。

CHAPTER

6

讓「速讀腦特訓」成為習慣的7個訣竅

「速讀腦特訓」要持續做才有意義

迄今，我透過各種角度針對「速讀腦特訓」做了一番解說，各位應該也已明白這套特訓是如何提升大腦的資訊處理能力，讓人擁有更好的工作效率。

只不過，無論「速讀腦特訓」能多大幅度地增加資訊處理的能力，無法養成習慣的話，其終將不具任何意義。

因此在最後一章，我將向各位說明**該怎麼做才能持之以恆地進行訓練**。

掌握「重啓力」！推薦給總是半途而廢者

不管是減重、健走還是考證照的準備，常有案例是前三天都很努力，之後卻往往後繼乏力。

這也就是所謂的「三天打魚，兩天曬網」。爲什麼人們會有無法持續做一項新嘗試的傾向呢？

其原因與**大腦的構造**有關。

人一整天的行動幾乎都是由無意識的習慣所組合而成。

舉例來說，早上從刷牙、洗臉、整理儀容到出門上班爲止的行爲舉動，都是無意識地執行，並未逐一思考過。

每天的習慣讓人不再有「思考」的感覺，如果是每天的例行公事，那麼不去意識它也能自然地展開行動。

或許有些人會因爲「自己是三分鐘熱度的懶鬼」而感到沮喪，但其實是大腦在本質上會傾向去避開新的習慣等變化。

「三分鐘熱度」的人沒辦法鍥而不捨地做「速讀腦特訓」嗎？並非不行，而是**只要保持「三分鐘熱度」就可以了**！

就算是「三分鐘熱度」，就算暫時中斷訓練，也可以在自己察覺到的時候重新開始，之後即使再度「三天打魚，兩天曬網」，只要持續地重啓訓練，就可以算是堅持不懈。

這對於工作、學習和興趣都是一樣的。雖然能夠每天穩紮穩打地堅持是一件很了不起的事情，但我們無須想著「一定要每天都做」，而是以「持續三天，休息一下」，再「持續三天，休息一下」的這種感覺，將「三分鐘熱度」延續下去。

「老師，我都三分鐘熱度，堅持不下去的。」遇到說這種話並馬上放棄的人，我會告訴他：「只要能持續產生三分鐘熱度，到時就會跟刷牙一樣，一天不做就覺得不對勁哦。」

大腦原本就有會因「一如往常」而感到安心的天性。我把不斷重複開啓「三分鐘熱度」的行爲稱爲**「重啓力」**，持續這麼做以後，這件事情就會逐漸變成一件「習以爲常的事」。

要是有眞正想做的事，或是工作上想達成的目標，就一起來培養這種「只要堅持三分鐘熱度即可」的「重啓力」吧。

有做不了的日子也沒關係

延續前面的「堅持三分鐘熱度」話題，愈是認眞的人，往往愈容易把焦點放在「做不到的事」而非「做得到的事」，並爲此懊悔不已。

人們會受當天的心情、身體狀況與環境所影響。在這之中說不定也有意志力強大的人，他們無論處在什麼樣的狀況下，都能堅持做到自己決定好的事。

不過，即使做不到，也請不要爲此沮喪。我認爲，就算已將「速讀腦特訓」排入自己每天的行程裡，也會有無論如何都做不了特訓的日子，比方說工作一整天都在跑外勤、身體不適、單純沒有幹勁等等。

這種時候**請果斷地看開，告訴自己「做不了也不要緊，總有這樣的日子」**。

就算為了做不到的事情而責備自己意志薄弱，也不會有任何好處。

我在某間公司舉辦企業培訓時，有一名員工滿臉歉意地對我說：「我本來想在家裡做特訓，但是太想睡就沒做了」。其實，想睡覺的時候就不需要勉強自己進行特訓。想睡覺時就去睡，等頭腦恢復到清醒的狀態，再重新做一次「速讀腦特訓」即可。

寧可想著「明天再開始做就好」來轉換心情，也不要後悔「沒做」而苛責自己。

不只「速讀腦特訓」，人在打算養成任何習慣時，都很容易會去想「該怎麼樣才能做得到」、「有沒有辦法繼續下去」，但重要的是，儘管做得斷斷續續，也仍然堅持不輟。

能夠有這樣的想法，其實就代表著相較於昨天，你已經有所成長了。只有真正陷入困境的時候，才需要透過做「速讀腦特訓」來發掘找到突破口的那個瞬間，不過若是無法打起精神去做，也沒必要勉強自己進行特訓。

請調整心情，在做得到的時候試一試就好。

不要努力，要以「適可而止」為目標

在我的研討會與培訓課上，**「我會努力！」這句話成了禁句**。我總是告知與會的大家「請不要努力」。

雖然在想到「我努力過了！」的瞬間，內心確實會踏實許多，但其實使勁地告訴自己：「我要努力」，反而多半會不小心用力過猛而無法取得想要的結果。

尤其那種「我努力過了的感覺」很是棘手。要是對「努力過的自己」感到心安，就無法從中成長。

事實上，比起拚命努力，不努力地放鬆去做反而會有更好的結果。不小心「努力」了的話，就無法發揮出十二分的腦力。相較之下，放鬆的狀態會讓大腦高速運轉，更快速地處理資訊。

假如想運用訓練將腦力發揮到極限，就**「適可而止」**且**「量力而為」**地做吧。

「適可而止」一詞指的是事情做到「恰到好處」就停止，也就相當於是在放鬆的同時發揮實力的狀態。

另外，也有一些參加過我的講座的人，會將大腦處於良好狀態的情況比喻爲《七龍珠》裡的「精神時光屋」（位於神明宮殿內的特別房間，在該房間內的時間會以外面世界的３６０倍速度流逝）。

一直以來都是「努力過卻沒有結果」的人，請別再努力了。比起逞強努力，放鬆且「適可而止」的狀態更容易做出成績。

只要持續訓練，讓這套特訓成爲一種習慣，那麼不去努力也會自然而然地看到成果，所以不必努力也沒關係。

在力所能及的時機進行

本書爲了將「速讀腦特訓」有效率地融入日常行程的安排之中，特意按照不同場合及時間介紹了相應的訓練方式，但這些終究也只是基礎。最重要的目的是「養成習慣」，因此如果不能在早上的時間點做訓練，那到中午時段再做也無妨。

每間公司都不一樣，有些公司是在臨近中午的時間上班。早上起不來的時候，也可以在上班的時間點做特訓。

負責值夜班的護理師會在傍晚時分去醫院，從半夜值勤到早上才回家。若自己的工作性質也類似於此，那就可以配合自己的排班，上班前先好好做一次5分鐘的基礎訓練，等到半夜值勤時，再利用空檔安排「10秒速讀腦特訓」。

在醫院工作有時會遇到患者病情驟變的情況，必須常保頭腦清醒。而且這份工作也很容易累積疲勞與壓力，但曾有一位護理師告訴我，自從他養成「速讀腦特訓」的習慣後，感覺疲勞似乎更容易消除了。

因此，**建議各位像這樣按照自己的生活模式，在力所能及的時間點做「速讀腦特訓」**。容我再重複一遍，不一定每次都必須在相同時間訓練，請根據狀況彈性調整。時間點不同並不會造成問題。

早上做不了就中午做，如果早上做完特訓狀態不錯，那麼到下班前再做一次「10秒速讀腦特訓」的安排也很好。

只要能學會臨機應變，就可以在不勉強自己的情況下養成習慣。

不追求「我在努力感」

在剛開始打算去做什麼事的時候，會讓人無論如何都想表現出「我正在努力做這件事」的感覺，這一點並不僅限於「速讀腦特訓」。

比如耗費過多的時間去執行，過分拘泥於做法，想跟別人比較並炫耀自己成績更好等等。

冗長得毫無必要的會議說不定就是一種表現「我在努力感」的典型範例。以TP值來講，這幾乎是徒勞無益。

回到「速讀腦特訓」，如果認爲用哪本書的某種內容來訓練比較好，或是覺得訓練時間愈長愈有效而花費一堆時間做特訓，那也只不過是在營造「我在努力感」罷了。

最好的做法是**在短時間內簡單迅速地進行**。就結果而言，這是最有效率，也最容易持之以恆的辦法。

在最初的階段，可能會執著於「可速讀書籍」的成效，想針對「1分鐘能讀幾頁」或「6秒內能讀進多少文字」進行比較，但如同前面所提到的，「速讀腦特訓」的目的並非提升閱讀速度。這不過是判斷「大腦運轉速度」的基準而已。

自己的效率在開始做特訓後進步了多少，工作有沒有做得更快，這些其實自身並不會有太明顯的感受。

剛開始時，讀書的速度提升可以讓人體會到大腦轉速變快，但習慣這個速度以後，對自己來說，它就變成了「日常」。

因此，與其在意「我在努力感」或「成果」，不如踏踏實實地持續去做簡單的事更有幫助。

倘若去追求「我在努力感」，就會讓人誤解自己提升腦力的眞正目的。

正如前面所述，「速讀腦特訓」的最終目標並非是讓你成爲「了不起的人」。而是讓你得以持續俐落地完成簡單的事，同時將別人眼中的「偉大成就」變成「理所當然且普通的事」。

「麻煩事」最應該優先解決！

你會先去處理麻煩的事嗎？還是會延後再做呢？

在討論這類話題時，經常會被拿出來當作問題範本的，不外乎是「你會先寫暑假作業，還是到開學前一刻才開始寫？」

本書的大目標是「增加工作時效比」。**為了高效推進工作，愈是遇到「很麻煩的事」、「花時間的事」以及「自己不擅長的事」，就愈是建議提早處理。**

因為除此之外的工作，都極有可能是「不會讓自己辛苦的工作」，也就是「能快速完成或容易處理的工作」。

舉個例子，假設你很不擅長編寫演講用的資料。如果早上上班後沒有立刻開始做這份工作，而是將其往後推遲，那麼下午因爲忙於處理突發任務及他人的詢問等事務，最後沒時間編寫資料，就只能夠延後到明天再做了。

好不容易每天做「速讀腦特訓」來增加思維速度，卻對不擅長的工作置之不理，再這樣下去工作效率永遠都不會變好。

這麼一來，只會讓人深信「做了速讀腦特訓也感覺不到成效」，最後無法養成習慣而放棄。

畢竟已經千辛萬苦地做訓練讓大腦轉得更快了，因此更該在資訊處理能力最佳之時先處理不擅長或麻煩的事。

剩下那些可以輕鬆勝任的工作，因爲都是一些感覺不難、能快速處理的事務，所以能比平常更早做完。

只要像這樣將特訓結果發揮到極限，提升工作ＴＰ值，自然就能將訓練納入工作空檔之中，形成一種習慣。

遭遇低潮就回到原點

不論多優秀的商務人士，多頂尖的運動選手，都不太可能一直處於絕佳狀態。他們有時也會遭遇瓶頸，陷入低潮期。

人在低迷的時候會心想：「我是不是改變一下至今爲止的做法比較好？」因而焦慮不安。

然而，身陷瓶頸期時，判斷力本來就會相對較差。改變以往的做法或流程，反而使自己無法發揮原有實力的例子屢見不鮮。

舉例而言，這就像是職棒選手沒辦法擊出安打而改變打擊姿勢一樣，此時要是無法奏效，狀態便會明顯變得愈發低迷。

一般來說，**遇到瓶頸時最不該大幅改變以往的做法，而是應該試著調整自身失衡之處，增加內心的動力。**

這個道理也同樣適用於「速讀腦特訓」。許多無法堅持的人，都是在感到低潮時中斷訓練。

像是「讀書速度沒有提升」或「效率改善的程度不如預期」之類的，無法用眼睛看見並實際感受到結果時，說不定就會產生「還是放棄好了」的念頭。

這種時候建議嘗試回歸原點，也就是去看看剛開始做「速讀腦特訓」時的讀書速度紀錄。

我想，你現在讀書的速度一定比當時快了1．5到2倍。

而這個速度正是你現在的大腦轉速。

任何事都有停滯期，只要跨越停滯期就會迎來成長期或巔峰狀態。

不要完全放棄至今養成的「速讀腦特訓」習慣，恰恰因爲處於低潮期，才要試著比平常做更多次，增進大腦的效能。

本章重點

堅持就是力量。唯有養成「速讀腦特訓」的習慣，才能將大腦效能維持在高效狀態。

運用「速讀腦特訓」提升工作力的人

實績介紹

我將在此分享那些實際利用「速讀腦特訓」增加TP值，提高工作力的各方人士實例。

<<<

工作提早做完，精神充電的時間增加了！

（製造業員工，30歲）

我在財務部門工作五年了。由於一直以來仰賴的前輩辭職，導致自己的工作量大增，再加上檢視屬下的工作也成了我的職責，在這種情況下，有再多時間都不夠用。

平時工作就要馬力全開，結果週末累到只會在家狂睡。就在我感覺這樣下去不行的時候，恰好接觸到吳眞由美老師有關「速讀腦特訓」的書。

一開始我只覺得若是能加快讀書速度就好了，但是每天起床做特訓後，卻不可思議地發現頭腦變得愈發清晰了。我是在進公司開始上班前以及午餐後做訓練，藉此讓疲憊的頭腦清醒過來，沒有勉強自己，工作也進展得更加順利。

最令人開心的是，能夠提前做完以前需要一個小時才能完成的工作，有了充電的時間可以重振精神。

我們公司有員工專用的飲品區，好喝的咖啡、茶和甜點都可以免費喝到飽、吃到飽，以前我都被時間追著跑，從來不曾去過一次。

但現在提早處理完工作的時候，我都會到飲品區悠閒愜意地放鬆一下，工作效率也因此增加了。從結果來看，我很感謝「速讀腦特訓」。

我認爲，因爲能切實體會到成效，才有辦法堅持下去。

視野更廣了，失誤也就更少

（貿易公司員工，28歲）

我這個人很容易分心，對於專注力不足的問題感到很煩惱。我對別人的說話聲、腳步聲以及氣味都很敏感，常常因爲工作環境而無法專心。

尤其今年部門異動後，我的座位變得離會議區很近，其他團隊線上開會的聲音讓我很在意，結果工作就更加難以順利進行。無法在時間內完成的工作就帶回家做，導致無法切換上下班的狀態，壓力愈來愈大……。

這時，我的前輩向我推薦了「速讀腦特訓」。一開始我只聽說過他能用眼睛跟不上的超快速度閱讀文章，心裡覺得半信半疑；但知道了前輩工作效率這麼高的祕密後，我開心得每天都在工作之餘做特訓。開始這麼做以後，我以往那麼介意的他人說話聲等雜音就都不再引起我的注意了，而且還能在比平時更有餘裕的狀態下投入工作。

比如，有一個明顯的變化是我工作上的失誤減少了。過去我曾寫錯演講資料上的數據，或是弄錯與客戶面談的日程安排，但現在可以用廣闊的視野綜觀工作全局，所以能瞬間發現錯誤並加以改進。

另外，我以前動不動就有頭昏腦脹的疲累感，也爲偏頭痛所苦，然而開始在工作間隙做特訓後，感覺頭腦煥然一新，也沒那麼容易累了。今後爲了保持良好的狀態，我想我會繼續進行「速讀腦特訓」。

普通員工搖身一變，成為儲備幹部

（資訊科技相關公司，26歲）

我在大學前輩擔任老闆的資訊科技新創公司工作了兩年。公司內沒有人能手把手地教我工作，每天都得自己規劃該做什麼工作並埋頭苦幹。

老闆的原則是「一個勁地把新專案交給能幹的人」。

也就是說，只要能交出好成績，就可以更快出人頭地。

我試著盤算了自己的強項和弱項，發現自己雖然專注力不錯，但不擅長一心多用。同時處理三個案子讓我筋疲力盡，所以無法做好時程管理，總是處於沒有餘裕的狀態。

這時我聽聞有一位運動選手正在做吳眞由美老師的「速讀腦特訓」，對此產生了興趣。那位運動選手的表現非常精彩，不知不覺就成了活躍於世界舞台的選手。

我也想擁有如同那位選手般的活躍表現，而決定開始進行「速讀腦特訓」。最初我不太能每天堅持訓練，所以選擇在繁忙工作的空檔做特訓。沒過多久，我發現自己變得可以在專注的狀態下同時處理好幾個專案。

有一天老闆找我過去，對我說：「我想讓你從下個月開始當儲備經理，好好表現。」

我認爲，入職第三年的我之所以能成爲儲備幹部，都是多虧有「速讀腦特訓」加快了我的思維速度。

治療流程順利進行，讓患者的等待時間顯著減少

（牙科醫師，50歲）

我目前正經營一間牙科診所。

在牙科診所的工作中，我不僅要親自診療患者，還要以院長的身分掌握整間診所的情況，並做出適當的指示。以前我對這方面很不在行，當我全心投入到單一患者的療程時，就會無法顧及其他事情。因爲一次只能考慮一名患者，就連聽取隔壁診療椅的治療狀況報告都覺得心煩。

但自從參加了吳老師的「速讀腦特訓」講座，我變得能夠在診察患者的同時掌握時間及候診室的狀況，而且我也可以一邊留心診療室內的患者正在做什

麼治療、療程進展到哪裡，一邊順利進行自己手上的治療程序。

開始做「速讀腦特訓」後，我覺得自己腦中彷彿同時打開了好幾個抽屜。結果整間診所的治療都變得很順利，患者等待的時間也大幅縮減。

而且再怎麼忙也不會感到煩躁了。視野拓寬後，處理工作的速度變得很快，因此即使工作忙碌，內心也能從容不迫。

結語

謝謝你閱讀本書至此。

「吳式訓練法的速讀腦特訓是什麼？」「爲什麼這樣能提高資訊處理能力？」「這眞的能讓時效比變好嗎？」面對心懷這些疑問而拿起本書的各位，我結合科學上的根據與實際經驗，與大家分享相關的知識與思路。

儘管如此，或許也仍然有人無法相信，僅僅是快速瀏覽文字眞的能夠讓大腦轉速變快，使工作變得更加順暢。

在本書中也曾略微提及，我原本是一個瞻前顧後且遲遲無法採取行動的人。後來才認識我的人若聽到我這麼說，肯定會大吃一驚。

在鑽研各種事情的時候，人的思考是停滯的，但時間卻不斷地在流逝。即使自己打算全面地深入分析，但若沒有結論就無法行動，那麼大腦的運轉也會變得懶散緩慢，呈現遲鈍的狀態。

無論多麼富有、多麼成功的人，1天都同樣只有24小時。唯獨這一項是全人類平等的條件。一想到這個，我便深切意識到，不斷圍繞同一件事思考並為此煩惱的時間有多浪費。

進行「速讀腦特訓」以後，即使腦中有「A、B、C」三個選項，也能毫不猶豫地做出最佳選擇。

更重要的是，就算我不去採取各種行動，機會也會自動地在適當時機來訪。

每一天的一切都是「最佳時機」。(笑)

當我講到這些時，或許會有人覺得這和「速讀腦特訓」是兩回事。但最終的道理並無二致，與其猶豫不決，還不如盡快採取行動。以行動取得成果，無疑是比內心糾結於理論、證據或結果來得更好的做法。

之所以能這樣斷言，是因爲我自己親身體驗過，也曾親眼目睹許多人藉由「速讀腦特訓」取得成果。

只要頭腦運轉得快，就能做出最棒的選擇。而且應對問題的處理速度也會變快，所以不再害怕失敗。

由於未來終將會發現成功的模式，還能迅速捕捉到別人的感情與變化，因此可以建立起良好的人際關係。

機會是由人所帶來的。不必手忙腳亂，需要的機會也會在適當的時機到來，這是事實。

工作效率固然重要，但只要持之以恆地做「速讀腦特訓」，就可以迎來更大的機會與自我實現。

本書主要探討的是如何在工作中有效地活用吳式訓練法「速讀腦特訓」。書中介紹了基礎與應用的訣竅，以便讓完全不了解「速讀腦特訓」的人和堅持做特訓至今的人，都能輕易地具體活用這套特訓。

接下來就請親自實踐看看，增加工作的ＴＰ值。然後，在各位遇到我的時候，如果可以將你的實踐成果告訴我，我將備感欣慰。

而該怎麼做才能遇見呢……這一點我相信對各位來說不是什麼問題，因爲頭腦轉速快的人會自動將機會吸引到身邊。

從這層意義上來說，大腦的潛能還有無限大！我之後也會爲了協助大家實現夢想而奔赴全日本、不，是奔赴地球上的任何角落。

謹向參與製作本書的所有人表達衷心感謝。

吳式訓練法「速讀腦特訓」諮詢師　吳　眞由美

國家圖書館出版品預行編目（CIP）資料

瞬間速讀腦力訓練/吳 真由美作；劉宸瑀譯. -- 初版. -- 臺中市：晨星出版有限公司, 2025.06
192面；14.8×21 公分. -- (Guide book；387)
ISBN 978-626-420-122-3(平裝)

1.CST: 速讀 2.CST: 讀書法 3.CST: 健腦法

019.1 114005869

Guide Book **387**

瞬間速讀腦力訓練

「仕事力」を一瞬で全開にする 10秒「速読脳トレ」

作者	吳　眞由美 Kure Mayumi
譯者	劉宸瑀
編輯	余順琪
特約編輯	鄒易儒
封面設計	耶麗米工作室
美術編輯	陳佩幸
	線上讀者回函
創辦人	陳銘民
發行所	晨星出版有限公司 407台中市西屯區工業30路1號1樓 TEL：04-23595820　FAX：04-23550581 E-mail：service-taipei@morningstar.com.tw http://star.morningstar.com.tw 行政院新聞局局版台業字第2500號
法律顧問	陳思成律師
初版	西元2025年06月15日
讀者服務專線	TEL：02-23672044／04-23595819#212
讀者傳真專線	FAX：02-23635741／04-23595493
讀者專用信箱	service@morningstar.com.tw
網路書店	http://www.morningstar.com.tw
郵政劃撥	15060393（知己圖書股份有限公司）
印刷	上好印刷股份有限公司

定價 320 元

（如書籍有缺頁或破損，請寄回更換）

ISBN：978-626-420-122-3

SHIGOTORYOKU WO ISSHUN DE ZENKAINISURU　JUBYO “SOKUDOKUNOUTORE”

by KURE　Mayumi

Originally published in Japan by SEISHUN PUBLISHING CO., LTD., Tokyo.

translation rights arranged with

SEISHUN PUBLISHING CO., LTD., Japan.

Through Tuttle-Mori Agency, Inc. and Future View Technology Ltd.

Printed in Taiwan.